**센스있는
영어표현**

센스 있는 영어 표현

지은이 에디 리
펴낸이 임상진
펴낸곳 (주)넥서스

초판 1쇄 발행 2022년 12월 15일
초판 14쇄 발행 2024년 3월 20일

출판신고 1992년 4월 3일 제311-2002-2호
10880 경기도 파주시 지목로 5
Tel (02)330-5500 Fax (02)330-5555

ISBN 979-11-6683-422-6 13740

www.nexusbook.com

원어민이 인정하는 트렌디한 영어회화

센스 있는 영어표현

에디 리 지음

넥서스

'행복'이라는 단어의 의미가 새롭게 느껴지는 연말입니다. 이 책을 통해 여러분들과 만날 수 있다는 생각에 가슴이 벅차고, 이 순간 저는 참 행복합니다.

저는 시를 즐겨 읽는 편은 아니지만, 그래도 내용을 외우고 있는 시가 2편 있습니다. 나태주 시인의 '풀꽃'과 고은 시인의 '그 꽃'입니다. 이 시들은 짧지만 가슴을 울리는 여운이 있습니다. 제가 'Shorts'를 통해 여러분들과 영어로 소통하게 된 이유가 바로 여기 있습니다. 재미가 있어야 쉽게 관심을 가지게 되고, 그 관심이 지속되어, '오래 보아야' 그것에 대한 역량이 쌓이기 때문입니다.

"Consistency is key.(꾸준함이 답이다)" 라는 말이 있습니다. 영어도 하루 이틀 즐기다 보면 어느 순간 노력의 성과는 여러분께 돌아갈 것입니다. '퍼스널 브랜드'의 시대. 일상에서, 학교에서, 혹은 직장에서 '언어'가 곧 자신의 브랜드로 평가받는 시대에 여러분의 브랜드 가치를 높이는 과정을 도울 수 있다는 것은 저로서 크나큰 행운이라 생각합니다.

혹자는 외국어 번역기의 눈부신 발전으로 인해 지구촌 언어들이 앱 하나로 소통이 가능한 시대가 올 거라고 말합니다. 물론 틀린 말은 아닙니다. 하지만 언어의 궁극적인 힘은 단순한 어휘력을 넘어 관계 형성을 위한 '매개체'라고 생각합니다. 사람과 사람 간에 감정이 곁들여진 소통을 해야만 진정한 관계가 이뤄진다고 믿기 때문입니다. 더불어, "한 나라의 언어를 안다는 것은 뇌가 그만큼 커지는 것"이라는 故 이어령 선생님의 말씀처럼 여러분의 뇌도 더욱 커질 테니까요.

유유히 흐르는 강물은 늘 같은 모습으로 우리에게 비춰집니다. 그러나 그것은 '어제의 물'이 아니라 새로 흘러 온 '오늘의 물'입니다. 너무나 당연한 말이지만, 우리는 '과거'는 바꿀 수 없어도 '미래'는 충분히 바꿀 수 있습니다. 그리고 이 '미래'를 바꾸려면 지금 '현재'의 습관을 바꾸고 노력해야 합니다. 모쪼록 이 책이 여러분의 영어 능력 향상에 큰 도움이 되었으면 합니다. 서브웨이에서 영어로 거침없이 주문하는 그날까지, 저는 여러분을 항상 응원합니다!

에디 리

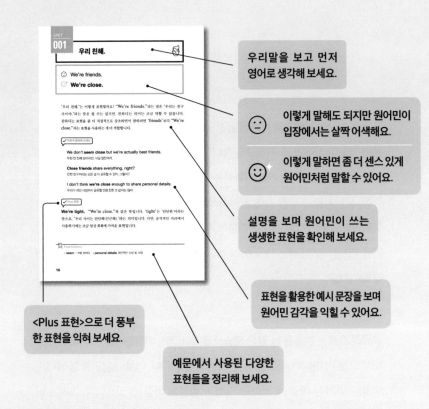

우리말을 보고 먼저
영어로 생각해 보세요.

☺ 이렇게 말해도 되지만 원어민이
입장에서는 살짝 어색해요.

☺✦ 이렇게 말하면 좀 더 센스 있게
원어민처럼 말할 수 있어요.

설명을 보며 원어민이 쓰는
생생한 표현을 확인해 보세요.

표현을 활용한 예시 문장을 보며
원어민 감각을 익힐 수 있어요.

<Plus 표현>으로 더 풍부
한 표현을 익혀 보세요.

예문에서 사용된 다양한
표현들을 정리해 보세요.

원어민 MP3 듣기

책 속의 QR코드를 인식하면
원어민 MP3를
바로 확인할 수 있습니다.

MP3 듣기

www.nexusbook.com
원어민 MP3 무료 다운로드 가능

Contents
목차

센스 있는
영어 표현
200

___

이렇게 말해도 되지만 원어민이
듣기에는 살짝 어색한 표현이에요.

원어민이 쓰는
센스 있는 표현이에요.

★ 학습하기 전에 꼭 확인해 주세요 ★

우리 친해.

☺ We're friends.

☺⁺ **We're close.**

"우리 친해."는 어떻게 표현할까요? "We're friends."라는 말은 "우리는 친구 사이야."라는 뜻은 될 수는 있지만, 친하다는 의미는 조금 약할 수 있습니다. 친하다는 표현을 좀 더 직접적으로 강조하면서 말하려면 'friends'보다 "We're close."라는 표현을 사용하는 게 더 적합합니다.

✓ 이렇게 활용해 보세요

We don't **seem close** but we're actually best friends.
우린 안 친해 보이지만, 사실 절친이야.

Close friends share everything, right?
친한 친구끼리는 모든 걸 다 공유할 수 있어, 그렇지?

I don't think **we're close** enough to share personal details.
우리가 개인 사정까지 공유할 만큼 친한 것 같지는 않아.

✓ Plus 표현

We're tight. "We're close."와 같은 뜻입니다. 'tight'는 '단단한'이라는 뜻으로, "우리 사이는 단단해(끈끈해)."라는 의미입니다. 다만, 공식적인 자리에서 사용하기에는 조금 일상 회화에 가까운 표현입니다.

⭐ Expressions

• seem ~처럼 보이다 • personal details 개인적인 신상 및 사정

솔직히 말해. / 똑바로 말해.

☹ Tell me honestly.

☺⁺ **Say it straight.**

"솔직히/제대로 말해."라고 하고 싶을 때, 어떻게 말할 수 있을까요? '솔직히'라는 뜻을 가진 'honestly'를 써서 "Tell me honestly."도 의미 자체는 전달되지만, 누군가의 솔직하고 꾸밈없는 말을 들으려는 뉘앙스는 표현하지 못합니다. "돌려 말하지 말고 똑바로 말해."라는 표현은 "Say it straight." 혹은 "Give it to me straight."가 좀 더 적절합니다.

Don't beat around the bushes and **give it to me straight**.
돌려 말하지 말고 똑바로 말해.

Let me **tell you straight**. Your new album sucks.
솔직히 말할게. 너의 새 앨범 별로야.

I would rather you **say it straight** than lie to me.
네가 거짓말하느니 솔직히 말해 줬으면 좋겠어.

✓ Plus 표현

Don't beat around the bushes. "돌려 말하지 마."라는 표현입니다. 똑바로 말하라는 뉘앙스를 품고 있으며, 쓸데없는 말을 번지르르하게 하지 말라는 뜻입니다.

⭐ Expressions
• released 발매된 • I would rather … than ~ ~보다는 …를 선호하다

간단하게 말하면, / 요약하면,

☹ To summarize,

☺⁺ **Long story short,**

'(긴 얘기를) 간단하게 말하면,'이라고 하고 싶을 때, 어떻게 말할 수 있을까요? '요약'이라는 단어를 직역해서 'to summarize'나 'briefly'를 쓸 수도 있겠지만, 일상 대화에서는 조금 딱딱하게 느껴집니다. 이럴 때는 조금 더 캐주얼하면서 센스 있게, 'long story short,'라고 '긴 얘기를 짧게 말하자면', '요점을 말하자면'을 표현하면 됩니다.

 이렇게 활용해 보세요

Long story short, the party was an absolute disaster.
간단하게 말하면, 그 파티는 총체적 난국이었어.

Long story short, they got back together.
간단하게 말하면, 그들은 재결합했어.

Long story short, his YouTube channel blew up within three months.
간단하게 말하면, 그의 유튜브 채널은 3개월 만에 떡상했어.

★ Expressions
• get back together 재결합하다 • blow up 떡상했다, 갑자기 유명해지다

나 뒤끝 있어. / 악감정 있어.

☹ I have bad feelings.

☺⁺ **I hold a grudge.**

누군가에게 '악감정을 갖고 있다' 또는 '뒤끝 있다'를 어떻게 표현할까요? 악감정을 'bad feelings'라고 생각해서 "I have bad feelings towards (someone)."이 먼저 나올 수도 있어요. 그보다 자연스럽고 한층 업그레이드된 표현은 'hold a grudge'입니다. 여기서 'grudge'는 '악감정'을 의미합니다. '어떤 감정을 갖고 있다'라고 표현할 때는 'hold'를 사용합니다.

✔ 이렇게 활용해 보세요

I usually don't **hold grudges** against anyone.
난 보통 누군가에게 원한을 품는 성격이 아니야.

I feel like my employees **hold a grudge** against me for no particular reason.
우리 직원들이 특별한 이유 없이 나에게 악감정을 갖고 있는 것 같아.

I don't want people to think that I **hold grudges**, but my friends know that I do anyway.
사람들이 내가 뒤끝 있다고 생각하지 않으면 좋겠는데, 내 친구들은 내가 그렇다는 것을 알고 있어.

⭐ Expressions

• particular 특별한   • that's not the case 사실과 다르다

이해하고 있어?

☺ Do you understand?

☺⁺ **Are you following?**

"내 말 이해하고 있어?"는 어떻게 표현할까요? "이해돼?"라고 물어볼 때 주로 "Do you understand?"라고 말을 하죠. 이것도 물론 틀린 표현은 아닙니다. 하지만 작은 뉘앙스 차이로 쓰임새가 조금씩 달라집니다. "Do you understand?"는 말하고 있는 당사자에게 중심을 두고, "Are you following?"은 듣는 사람 입장에 중심을 둡니다. 전자는 "내 말 이해돼?"라는 뜻이면서, 상황에 따라 "내 말대로 해, 알았어?"라는 강압적인 뉘앙스도 됩니다. 하지만 후자는 "내 말 중에 이해 안 되는 부분이 있어?"라는 부드러운 뉘앙스를 갖고 있습니다.

✓ 이렇게 활용해 보세요

This concept can be a little difficult to understand. **Are you following?**
이 개념은 조금 이해하기 어려울 수도 있어. 이해하고 있어?

That's pretty much all you need to know for calculus. **Did you follow that?**
미적분은 여기까지 알면 될 것 같아. 이해했어?

Sorry, **I don't follow.** Can you repeat that one more time?
미안한데, 이해가 안 되고 있어. 다시 한 번 설명해 줄래?

★ Expressions
• **pretty much** 거의 • **repeat** (설명 등을) 반복하다

잠깐만 기다려 봐.

😐 Wait a minute.

😊⁺ **Hold on.**

"잠깐만 기다려 봐."라고 표현할 때 어떻게 말할 수 있을까요? "Wait a minute."도 충분히 가능하지만, 이 표현은 상황에 따라 부자연스럽고 딱딱하게 느껴질 수 있습니다. 일상생활과 직장에서 모두 자연스럽게 사용할 수 있는 표현은 "Hold on."입니다. "Hold on."은 직역하면 "놓지 말고 잡고 있어."라는 뜻으로, "조금만 기다려.", "천천히 가." 이런 식으로 비유되어 사용됩니다.

✓ 이렇게 활용해 보세요

Can you **hold on** for a second?
잠시만 기다려 주시겠어요?

If you can **hold on** for a minute, I'll be right back.
잠시만 기다려 주면, 금방 돌아올게.

Hold on, you're walking way too fast. I'm falling behind.
잠깐, 너 너무 빨리 걷고 있어, 나 뒤처지잖아.

✓ Plus 표현

Hold up. 위와 같은 맥락의 뜻입니다. 격식 있는 자리보다는 일상생활에서 좀 더 편하게 사용할 수 있는 표현으로, 랩이나 힙합 가사에도 자주 등장합니다.

⭐ Expressions

• be right back 곧 돌아오다 • fall behind 뒤처지다

배고파 죽겠어.

☹ I'm so hungry.

☺⁺ **I'm starving.**

배가 너무 고플 때 뭐라고 말할까요? 보통 "I'm so hungry."라고 합니다. 하지만 이보다 더 극도의 배고픔을 강조하고 싶을 땐 "I'm starving."이라고 합니다. 'hungry'는 말 그대로 '배고픈'을 뜻하고, 'starving'은 '너무 오래 못 먹어서 굶주린'이라는 강조의 뉘앙스가 있습니다. 'starving'의 원형 'starve'는 '굶주리다'라는 뜻입니다.

✓ 이렇게 활용해 보세요

I'm starving. I literally haven't eaten all day.
배고파 죽겠어. 정말로 온종일 아무것도 안 먹었어.

Let's get everything on the menu. **I'm starving.**
우리 메뉴에 있는 거 다 먹자. 배고파 죽겠다.

My brain doesn't function properly when **I'm starving.**
난 너무 배고프면 머리가 제대로 돌아가지 않아.

✓ Plus 표현

I'm craving Mexican food. "멕시코 음식이 너무 먹고 싶어."라는 뜻입니다. 'craving'은 배고프다는 표현보다 특정한 음식이 당길 때 사용하는 표현입니다. 직역은 '갈망하는'입니다.

⭐ Expressions

• literally (표현이나 말을 강조할 때) 진짜, 정말로 • function 작동하다

진짜 짜증 나.

☹ I'm so upset.

☺⁺ **I'm so annoyed.**

"나 진짜 짜증 나."라고 하고 싶을 때, 어떻게 말할 수 있을까요? '속상한', '기분 나쁜'이라는 뜻의 'upset'도 틀렸다고 할 수는 없지만, 누군가의 말이나 행동 때문에 '짜증 난다'는 뜻의 'annoyed'가 좀 더 적절한 표현입니다. 'annoyed' 대신 'pissed off'나 'irritated'을 쓸 수도 있습니다. 이때는 "I'm so pissed off."라고 할 수 있겠죠?

✓ 이렇게 활용해 보세요

Stop shaking your leg. **It's so annoying**.
다리 떨지 마. 진짜 짜증 나.

I'm so irritated by my loud classmates.
우리 반의 시끄러운 애들 때문에 짜증 나.

John's habitual lying **pissed** Mary **off.**
존의 습관적인 거짓말이 메리를 짜증 나게 했어.

✓ Plus 표현

You're so annoying. "넌 정말 짜증 나게 해."라는 표현입니다. 단순히 내 감정을 말하기보다는 좀 더 직접적으로 상대방 때문에 짜증이 났을 때 씁니다.

⭐ Expressions

• shake one's leg 다리를 떨다 • habitual 습관적인

23

네가 보고 싶어 죽겠어.

☹ I miss you so much.

☺ **I'm dying to see you.**

누군가를 보고 싶은 것 이상으로 "죽도록 보고 싶어."라고 표현할 때는 어떻게
말할까요? 흔히 "I miss you."라는 표현을 사용하는데요, 이것보다 보고 싶은
감정을 훨씬 더 강조하는 표현은 "I'm dying to see you."라고 말할 수 있습니다.
누군가를 보고 싶거나, 재회를 기대하는 상황에서 편하게 사용할 수 있습니다. 어떤
일을 굉장히 하고 싶을 때 'be dying to'라는 표현을 쓰면 됩니다.

 이렇게 활용해 보세요

When are you free for dinner? My boyfriend **is dying to** see you.
저녁에 시간 언제 가능해? 내 남자 친구가 너 보고 싶어 죽겠대.

We**'re** all **dying to** meet you. We haven't caught up in ages.
다들 널 엄청나게 보고 싶어 해. 우리 너무 오랫동안 연락 안 했잖아.

I**'m dying to** travel to Mexico to try some authentic Tacos.
정통 타코를 먹으러 멕시코 여행 너무 가고 싶어.

⭐ Expressions

• **catch up** 연락하다 • **authentic** 진짜의, 정통인

네 맘대로 해.

- 😐 It's up to you.
- 😊 **It's your call.**

"네 맘대로 해.", "네가 정하는 대로 해."라는 표현은 영어로 어떻게 말할까요? 우리가 익숙한 표현은 "It's up to you." 즉, "너한테 달렸어."라는 직역이 되겠죠? 하지만 이보다 더 간결하면서 고급스러운 표현은 "It's your call."입니다. 'call'이라는 단어는 '통화'라는 표현 외에 '결정'의 의미도 됩니다. 예를 들어, 농구 경기에서 심판이 오판을 한 경우 관중들이 "That's a bad call."이라고 말할 수 있죠.

This is my opinion, but it's ultimately **your call**.
이건 내 의견이지만, 궁극적으로는 너의 결정이야.

I'm good with either Korean or Mexican for dinner. **It's your call**.
저녁으로 한국 음식이나 멕시코 음식 둘 다 상관없어. 네가 정해.

Whether we save up or invest this money is **your call**.
우리가 이 돈을 저축하든 투자하든, 네 결정이야.

⭐ Expressions

• ultimately 궁극적으로   • save up 저축하다

요즘 일은 어때?

☺ How is work going?

☺⁺ **How is work treating you?**

친구나 지인에게 "요즘 일은 어때?"라고 근황을 물어볼 때, 어떻게 말할까요? "How are you doing?"의 변형인 "How is work going?"도 괜찮은 표현이지만, 이것보다 더 생동감 있고 고급스러운 표현으로 "How is work treating you?"가 있습니다. 이 표현에서 키워드는 'treat', 즉 문제나 일 등을 '다루다', '대하다'라는 단어입니다. '일'에 인격을 부여하며 "일이 너를 어떻게 대하고 있어?"라는 표현이 됩니다. 이 'treat'을 활용해서 다양하게 말할 수 있습니다.

How is your new job **treating you**? Are you adjusting to the new environment?
새로운 직장은 어때? 새로운 환경에 적응은 다 했어?

I hope graduate school **is treating you** well.
대학원은 다닐 만했으면 좋겠다.

I bet New York **is treating him** well. He has always wanted to live in a big city.
그는 분명 뉴욕에서 잘 지내고 있을 거야. 걘 항상 큰 도시에 살고 싶어 했잖아.

★ Expressions
• **adjust** 적응하다 • **graduate school** 대학원 • **I bet ~** ~라고 확신하다

힘내.

😐 Cheer up.

😊⁺ **Power through.**

힘든 일을 겪고 있는 동료에게 "힘내."라고 하고 싶을 때 어떻게 표현할까요? 흔히 "Cheer up."을 먼저 떠올립니다. 하지만 이 표현은 "힘내."보다는 "기분 풀어."라는 의미에 가깝습니다. 현재의 힘든 일을 참고, "힘을 내서 이겨내자."라는 표현은 "Power through."라고 하는 것이 더욱 적합합니다. '힘'을 의미하는 'power'와 '통과하다'를 의미하는 'through'를 합친 표현으로 생각하면 됩니다.

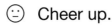

> I know the markets are tough, but we must **power through**.
> 주식 시장 상황이 안 좋은 걸 알고 있지만, 우린 끝까지 버텨야 해.
>
> This is our last set of the workout, let's **power through**!
> 이번이 이 운동의 마지막 세트니까 좀 더 힘을 내자!
>
> Companies that have **powered through** tough times are worth investing in.
> 힘든 시기를 이겨 낸 기업들은 투자할 가치가 있다.

I'm rooting for you. "난 네 편에서 응원해."라는 뜻의 표현입니다. "힘내."라는 표현보다는 "난 너를 지지하고 응원할 거야."라는 뜻입니다.

⭐ Expressions
• **tough** 힘든, 어려운 • **set** (운동) 세트 • **worth -ing** ~할 가치가 있는 • **invest** 투자하다

우울해.

😐 I'm sad.

😊⁺ **I'm feeling down.**

"우울해.", "기분이 울적해."를 영어로 어떻게 표현할까요? 쉽게 "I'm sad."라고 말할 수 있겠죠? 하지만 이 표현은 "나 슬퍼."라는 뜻일 뿐, "우울해."라는 뉘앙스는 표현하기 어렵습니다. 이럴 땐 "I'm feeling down."이라고 표현할 수 있습니다. 특정 이유 없이 기운이 없거나 마음이 싱숭생숭할 때도 사용할 수 있는 표현입니다.

✓ 이렇게 활용해 보세요

I can't pinpoint the reason, but I've been **feeling down** lately.
정확한 이유는 알 수 없지만, 요즘 기분이 우울해.

I listen to jazz music when I'm **feeling down**.
난 울적할 때 재즈 음악을 들어.

Feeling down occasionally is just part of life. Don't think too much about it.
가끔 우울한 기분이 드는 것은 삶의 일부분이야. 너무 깊이 생각하지 마.

⭐ Expressions

• pinpoint 콕 짚다 • lately 최근, 요즘 • occasionally 가끔

난 당황하지 않았어.

☺ I'm fine.

☺⁺ **I'm not fazed.**

"난 하나도 당황하지 않았어."는 영어로 어떻게 표현할까요? 당황하지 않은 것을 '괜찮다', '아무렇지도 않다'라고 해석해서 "I'm fine."이라고 할 수 있는데, 틀린 것은 아닙니다. 하지만 '당황하지 않고, 흔들리지 않는' 뉘앙스를 품은 표현은 "I'm not fazed."입니다. 여기서 'fazed'는 '당황하다', '방해되다'라는 뜻입니다.

 이렇게 활용해 보세요

I'm not fazed by what's happening in the stock market.
나는 현재의 주식 시장 상황에 당황하지 않아.

I'm not fazed by large crowds. You could say that I'm a natural performer.
나는 관중이 많은 것에 당황하지 않아. 타고난 연기자라고 할 수 있지.

Not being fazed by criticism is an important trait to have as an artist.
비판에 당황하지 않는 것은 예술가로서 가져야 할 중요한 요소야.

 Expressions

• **stock market** 주식 시장 • **large crowds** 많은 관중, 인파 • **trait** 특징, 특성

하려던 말을 잊어버렸어.

☹ I forgot what I was going to say.

☺⁺ **I lost my train of thought.**

"하려던 말을 잊어버렸어."는 영어로 어떻게 표현할까요? '잊어버리다'를 생각하면 연상되는 단어가 'forget'이기 때문에 "I forgot what I was going to say."가 나올 수 있어요. 하지만 조금 더 센스 있고 자연스러운 표현은 "I lost my train of thought."입니다. 이 표현에서 나오는 'train'은 기차처럼 이어지는 생각의 본질을 비유한 표현입니다.

 이렇게 활용해 보세요

Hold on, **I lost my train of thought**.
잠깐만, 하려던 말을 잊어버렸어.

I kept **losing my train of thought** because the kids kept interrupting me.
애들이 계속 방해해서 하려던 말을 자꾸 잊어버렸어.

I don't know why I keep **losing my train of thought**.
내가 왜 하려던 말을 계속 잊어버리는지 모르겠어.

 Plus 표현

I'm blanking. 'blank'라는 표현은 말 그대로 '비어 있다'라는 뜻입니다. 그래서 "I'm blanking."은 "내 머리가 백지장이 됐다."라는 뜻으로 사용됩니다.

 Expressions

• **hold on** 잠깐, 기다려 봐 • **interrupt** 괴롭히다, 방해하다

최선을 다할 거야.

☺ I'm going to try my best.
☺⁺ **I'm committed.**

어떤 일에 "최선을 다할 거야."는 어떻게 말할 수 있을까요? '최선'이라는 단어는 곧 'do my best'나 'try my best'를 떠올리게 하죠. 이것도 틀린 표현은 아니지만, 어떠한 일이나 상황에 몰두하고 집중한다는 표현은 "I'm committed."라고 말할 수 있습니다. 'commit'은 '저지르다', '범하다'라는 뜻도 있지만, 이 상황에서는 '충성 또는 최선을 다한다'는 뜻입니다.

✓ 이렇게 활용해 보세요

I'm committed to finishing the draft on time.
나는 제시간 안에 원고를 완성하는 데 최선을 다할 거야.

I'm committed to this relationship. Nothing can come between us.
나는 이 관계에 충성을 다할 거야. 우리 사이를 갈라놓을 수 있는 건 없어.

He's good at starting things but not the best at staying **committed**.
그는 시작은 잘하지만, 끈기가 부족해.

✓ Plus 표현

I'm dedicated. '헌신적인'이라는 뜻의 'dedicated'는 최선을 다한다는 표현이 될 수도 있습니다. 시작한 일에 헌신을 다할 정도로 노력을 한다는 의미입니다.

★ Expressions
• come between us 우리 사이를 갈라놓다 • be not the best 잘 못한다, 부족하다

부러워.

> 😐 I'm jealous.
> 😊* **I'm envious.**

보통 '부러운'이라고 하면 'jealous'라는 표현이 제일 먼저 생각날 겁니다. 하지만 뉘앙스적으로 정확하게 짚고 넘어가자면, 'jealous'는 '부러운'이라는 뜻보다 '질투 나는'이라는 뜻입니다. '부러운'은 'envious'라는 표현이 더 자연스럽고 적합합니다. 무엇이 부러운지를 말할 때는 뒤에 'of'와 함께 쓸 수 있습니다.

 이렇게 활용해 보세요

I try to hide it, but **I'm envious** of his success.
나는 애써 숨기려고 하지만, 그의 성공이 너무 부러워.

I never get **envious** of anyone because I know my strengths.
나는 내 자신의 강점을 알고 있기 때문에 다른 사람이 전혀 부럽지 않다.

She was **envious** of the designer bag her friend got for her anniversary.
그녀는 친구가 기념일에 받은 명품 가방이 부러웠다.

★ Expressions

• **designer bag** 명품 가방 • **anniversary** 기념일

너무 오래 걸린다.

☺ It takes a long time.

☺⁺ **It takes forever.**

"(특정 일이나 상황이) 오래 걸린다."를 영어로 표현하려면 흔히 "It takes a long time."이라고 합니다. 물론 이렇게 직역해도 틀리지는 않지만, 표현의 특성상 '오랜 시간'을 강조할 상황이 많기 때문에 "It takes forever."라고 말하는 것이 더 센스 있는 표현입니다. 'forever', 즉 '평생' 걸린다는 뜻으로, 상황이나 일이 끝나지 않을 것 같이 오래 걸린다는 의미가 됩니다.

✓ 이렇게 활용해 보세요

It's **taking forever** for Ted to get dressed up. We might be late.
테드는 옷을 차려 입는 데 시간이 너무 오래 걸려. 우리 늦을 것 같아.

Why does it always **take forever** for us to decide on what to eat?
왜 우리는 항상 식사 메뉴를 고르는 게 너무 오래 걸릴까?

He **takes forever** to reply to texts.
그는 문자에 답하는 데 엄청나게 오래 걸려.

✓ Plus 표현

It takes ages. 'forever' 대신 '한참'이라는 뉘앙스를 가진 'ages'를 사용해서, '한참 걸리다', '오래 걸리다'라는 표현을 할 수 있습니다.

★ Expressions
• **dress up** (행사 등을 위해) 차려 입다

중요한 순간이야.

☺ It's an important moment.

☺ **It's a big moment.**

"정말 중요한/역사적인 순간이야."라는 표현은 영어로 어떻게 할까요? '중요한 순간'을 직역해서 "It's an important moment."라고 표현할 수도 있지만, 상황의 중요성을 강조하거나 생동감 있게 표현하기엔 조금 부족합니다. 이럴 땐 "It's a big moment."라는 표현을 사용하면 좋습니다. '크고, 중요한' 순간을 'big'을 통해 묘사할 수 있습니다.

 이렇게 활용해 보세요

Being admitted to his dream school was **a big moment** for Daniel.
원하는 대학에 합격한 것은 다니엘에게 굉장히 중요한 순간이었다.

Having their first baby was **a big moment** for the couple.
첫 아기를 갖는 것은 그 부부에게 굉장히 역사적인 순간이었다.

Achieving financial freedom before 30 was **a big moment** for him.
30살 이전에 경제적 자유를 일궈낸 것은 그에게 중요한 순간이었다.

✓ Plus 표현

It's a historic moment. 'historical moment(역사적인 순간)'를 직역하여, '중요하고 기억에 남을 순간'이라는 뜻입니다.

 Expressions
• admit 입장을 허락하다 • dream school 꿈의 대학, 목표 대학 • financial freedom 경제적 자유

신경 쓰여. / 거슬려.

:-| It bothers me.

:-)* **It gets on my nerves.**

어떤 일이 신경 쓰이거나 거슬릴 때 사용할 수 있는 표현은 뭐가 있을까요? "It bothers me."라고 해도 되지만, 어떤 상황에서는 거슬림과 신경 쓰인다는 것을 강조하기에 부족할 수 있습니다. 어떠한 일이 신경 쓰일 때, '~ gets on my nerves'라고 표현합니다. 'nerve'는 '신경'을 뜻하는 단어로, 정말 싫어하고 혐오하는 상황을 묘사할 때 사용할 수 있습니다.

 이렇게 활용해 보세요

Being disrespectful to others really **gets on my nerves**.
내가 제일 용납 못 하는 행동 중에 한 가지는 타인에게 무례하게 구는 것이야.

Most importantly, never be late. Tardiness **gets on my nerves**.
가장 중요한 것은, 절대 지각하지 마. 나한테 제일 거슬리는 행동은 시간 약속을 안 지키는 거야.

Lying is my biggest thing that **gets on my nerves** when it comes to relationships.
인간관계에서 가장 신경 쓰이는 행동은 거짓말하는 거야.

✓ Plus 표현

It ticks me off. "짜증 난다."라는 뜻입니다. 'tick someone off'는 'annoy', 'irritate'와 비슷한 뉘앙스로, '짜증 나게 하다', '화나게 하다'라는 뜻입니다.

⭐ Expressions
• disrespectful 불친절한, 무례한 • tardiness 지각 • when it comes to ~ ~에 관한

숨 쉴 틈이 필요해.

☹ Give me some rest.

☺⁺ **Cut me some slack.**

상대방에게 "숨 쉴 틈을 좀 줘."라고 부탁하고 싶을 때, 어떻게 말할 수 있을까요?
"나는 조금 쉬어야 해."라는 뜻의 "Give me some rest."가 제일 먼저 생각날 수
있어요. 하지만 직장 혹은 일상에서 "숨 쉴 틈이 필요해."라는 뉘앙스는 "Cut me
some slack."이 더 적합합니다. 'slack'은 끈의 느슨한 부분을 뜻하기 때문에
나에게 너무 빡빡하게 굴지 말고, 조금 '느슨하게 대해 달라'는 뜻이 있습니다.

 이렇게 활용해 보세요

I've had a long day, **cut** me **some slack.**
나 오늘 너무 힘들었어, 그만 좀 쪼아 대.

He's doing his best. Let's **cut** him **some slack.**
그가 최선을 다하고 있잖아, 좀 봐주자.

I **cut** my wife **some slack** by doing the dishes.
아내에게 숨 쉴 틈을 주기 위해 설거지를 했다.

✓ Plus 표현

I need some breathing room. "나는 숨 쉴 틈이 좀 필요해."라는 말을
직역해서 표현할 수도 있습니다. 비유가 많은 다른 영어 표현들과 달리 직역하여 더
자연스럽게 느껴지는 표현이죠. 또 다른 표현으로 "Give me a break."도 있습니다.

⭐ Expressions

• **long day** 너무 길게 느껴진 하루, 굉장히 힘들었던 하루 • **do the dishes** 설거지를 하다

모르는 척하지 마.

☺ Don't pretend you don't know.

☺* **Don't play dumb.**

"(알면서) 모르는 척하지 마."는 영어로 어떻게 표현할까요? '~척하다'라는 단어 'pretend'가 먼저 연상돼서 "Don't pretend you don't know."라는 말이 나올 수 있겠죠. 하지만 이 표현보다 더 간단하고 고급스러운 대체 표현이 있습니다. 바로 "Don't play dumb."인데, 'play dumb'은 '모르는 척하다', '바보인 척하다'라는 표현입니다.

✓ 이렇게 활용해 보세요

Sam always tends to **play dumb** to avoid confrontation.
샘은 대립을 피하기 위해 항상 모르는 척을 한다.

It's convenient to **play dumb** when you want to avoid talking to others.
남들과 대화를 피하기 위해 모르는 척하는 것이 편리하다.

I personally think it's wise to **play dumb** sometimes.
나는 개인적으로 가끔 모르는 척하는 것이 현명하다고 생각한다.

★ Expressions

• confrontation 대립 • convenient 편리한 • wise 현명한

UNIT 023 별일 아니야.

> 😐 That's okay.
> 😊⁺ **That's not a big deal.**

"별일 아니야.", "괜찮아."는 영어로 어떻게 표현할까요? 먼저 "That's okay."라는 표현을 쓸 수 있는데, 이 문장은 다양한 상황에서 사용하기에 분명 한계가 있습니다. 이럴 땐 "That's not a big deal."이라는 표현을 사용해 보세요. 'big deal'은 '큰일'이라는 뜻으로, "큰일이 아니다.", "별일이 아니다."라고 말할 수 있습니다.

 이렇게 활용해 보세요

Getting one 'B' on your transcript **is not a big deal**.
성적표에 'B'를 하나 받는 것은 별일 아니야.

If you don't think grammar mistakes are **a big deal**, then you shouldn't be an English teacher.
문법 실수가 중요한 문제가 아니라고 생각한다면, 넌 영어 선생님이 될 자격이 없어.

Texting in my class **isn't a big deal**.
내 수업에서 문자 보내는 것은 문제 될 게 없어.

 Plus 표현

It's nothing. "아무것도 아니야."라는 표현으로, "별일 아니야.", "어려운 일이 아니야."라는 뜻입니다. 구어체로 "Oh, it's nothing. Don't worry about it." 이라고 할 수 있습니다.

⭐ Expressions
• transcript 성적표 • at all 전혀, 조금도

알딸딸해.

> 🙂 I'm a little drunk.
> 🙂⁺ **I'm tipsy.**

"나 조금 취했어.", "나 알딸딸해."라는 표현은 영어로 어떻게 말할까요? 보통 '취하다'
라는 단어 'drunk'를 씁니다. 하지만 'drunk'는 말 그대로 '취하다'라는 뜻으로,
'알딸딸하다'와는 거리가 있습니다. '조금 취했다'라는 표현은 'tipsy'라고 말할 수
있습니다. 동사 'tip'은 '넘어지다'라는 뜻이고, 'tipsy'는 '살짝 취하다', '알딸딸
하다'라는 뜻입니다.

✓ 이렇게 활용해 보세요

I usually don't get **tipsy** this fast – I'll have to take it easy today.
난 보통 이렇게 빨리 취하지 않아. 오늘은 좀 천천히 마셔야겠어.

Take a break. You already seem a little **tipsy**.
좀 쉬어. 너 벌써 좀 취한 것 같아.

When I'm **tipsy**, I tend to repeat myself.
난 취하면 했던 말을 반복하는 경향이 있어.

⭐ Expressions

- take it easy 천천히 하다, 쉬엄쉬엄하다 • take a break 쉬다 • tend to ～하는 경향이 있다
- repeat myself 했던 말을 반복하다

미리 알려 줘.

☹ Tell me before.

☺⁺ **Tell me in advance.**

"미리 알려 줘."를 영어로 어떻게 말할 수 있을까요? "Tell me before (일/상황)." 혹은 "Tell me beforehand."라고 말해도 의미는 충분히 전달되지만, 더 자연스러운 표현은 "Tell me in advance."입니다. 'in advance'는 '미리'라는 뜻으로, 어떤 일이나 상황이 벌어지기 전에 미리 알려 달라는 의미입니다.

✓ 이렇게 활용해 보세요

Feel free to make any changes you want to the contract, but just let me know **in advance**.
계약서에 수정하고 싶은 사항이 있으면 편하게 하시되, 미리 알려만 주세요.

Sarah paid for 20 English lessons **in advance**.
사라는 20회의 영어 수업 비용을 미리 지불했다.

To get the cheapest deals, you have to book your flights at least two months **in advance**.
제일 저렴한 가격에 항공편을 구매하려면, 최소 두 달 전에는 미리 예매해야 해.

✓ Plus 표현

Give me a heads up. "미리 알려 줘."라는 표현으로, '어떤 일이나 상황이 일어나기 전에 언질을 주다'라는 뜻입니다.

 Expressions

• **feel free** 마음 놓고 편안하게 하다 • **cheapest** 가장 저렴한 • **book** 예약하다

그럴 리 없어!

:(That's not possible!

:) **There is no way!**

"그럴 리 없어!" 혹은 "그건 불가능해!"라고 표현할 때, 어떻게 말할까요? '가능'의 반대말인 '불가능'을 의미하는 "That's not possible!"이라는 표현을 사용해도 무방하지만, 더욱 간단하고 유용한 표현은 "There is no way!"입니다. 이 표현은 단독으로 사용해도 되고, 문장 중간에 사용해도 됩니다. 후자일 경우에는 주로 "There is no way…" 형식으로 사용이 됩니다.

 이렇게 활용해 보세요

There is no way you aced that test. The class average was a C.
네가 그 시험에 만점을 받았을 리가 없어. 우리 반 평균이 C였을걸.

There is no way I am inviting my ex-girlfriend to my wedding.
내 결혼식에 전 여자 친구를 초대할 일은 없어.

You're finally turning 18 today. **There is no way** you're going home before 12 AM.
너 오늘 드디어 18살이 되잖아. 오늘 12시 전에 집에 들어갈 생각하지 마.

⭐ Expressions

• **ace the test** 시험에 만점을 받다 • **turn 18** 18살이 되다

앞뒤가 맞지 않아.

☺ This seems weird.

☺⁺ **This doesn't add up.**

"(말이나 정황들이) 앞뒤가 맞지 않아."는 영어로 어떻게 말할까요? '앞뒤가 맞지 않다'는 본질적으로 '느낌이 이상하다' 혹은 '뭔가 수상하다'라는 뉘앙스를 가지고 있죠. '이상하다'라는 뉘앙스 때문에 "This seems weird."라고 표현할 수도 있지만, 일상생활에서 자주 사용되는 표현은 "This doesn't add up."입니다. 직역하면 상황이나 말의 수지 타산이 맞지 않는다는 뜻인데, '보이는 것과 사실이 다르다'라는 뉘앙스가 있습니다.

✓ 이렇게 활용해 보세요

The evidence we found **doesn't add up**. We don't think he's the culprit.
우리가 찾은 증거들이 앞뒤가 안 맞아. 우리는 그가 범인이라고 생각하지 않아.

His stories **don't add up**. He's definitely been lying all this time.
그의 이야기는 앞뒤가 안 맞아. 지금까지 분명히 거짓말을 해 왔던 거야.

You could be in trouble if the police find that your statements **don't add up**.
만약 경찰이 네 진술이 앞뒤가 맞지 않는다고 생각하면, 너는 곤경에 처할 수도 있어.

★ Expressions

• culprit 범인 • definitely 분명히 • be in trouble 곤경에 처하다

진실을 말해. / 사실을 털어놔.

☺ Tell me the truth.

☺⁺ **Come clean.**

"진실을 말해.", "사실을 털어놔."는 영어로 어떻게 표현할까요? 직역해서 말하면 "Tell me the truth.", 말 그대로 "진실을 얘기해."라는 표현이 됩니다. 하지만 이 표현은 사용할 수 있는 범위나 상황이 한정적입니다. "진실을 솔직하게 말해." 또는 "사실을 털어놔." 두 의미를 모두 묘사하려면 "Come clean."이라고 하면 됩니다. 더러운 찌꺼기, 지저분한 부분을 빼고 '깨끗한(진실된) 부분만 보이다'라는 뉘앙스를 지닌 표현입니다.

 이렇게 활용해 보세요

Come clean now, or face the consequences of your actions.
지금 사실을 털어놓지 않으면, 네 행동에 책임을 져야 할 거야.

It's usually a good idea to **come clean** when you have the opportunity.
보통 기회가 있을 때 진실을 말하는 게 좋아.

Our CEO finally **came clean** about embezzling from the company for the past 15 years.
우리 CEO는 지난 15년 동안 회사에서 횡령한 것에 대한 사실을 결국 털어놓았다.

⭐ Expressions

• consequence (주로 안 좋은) 결과 • usually 보통, 대개 • embezzle 횡령하다

43

좋은 생각이야. / 좋은 결정이야.

☺ That's a good decision.

☺⁺ **That's a good call.**

"좋은 생각이야." 혹은 "현명한 선택이야."는 영어로 어떻게 표현할까요? 흔히 '결정'이라는 뜻의 'decision'을 사용해서 "That's a good decision."이라고 말할 수 있습니다. 하지만 "That's a good call."이라고 하는 것이 더 센스 있는 표현입니다. 우리말 구어체로 "콜!"이라고 하면 "좋아!"라는 의미인 것처럼 구어체로 쓰이는 표현입니다. '나쁜 결정'이라고 하려면 'good' 대신 'bad'를 쓰면 됩니다.

✓ 이렇게 활용해 보세요

Bringing an extra umbrella was **a good call**.
우산 하나를 더 챙겨 온 건 정말 좋은 결정이었어.

The referee's **biased calls** throughout the game angered the crowd.
경기 내내 심판의 편파 판정은 관중을 화나게 했다.

Drinking 5 cups of coffee before bed was **a bad call**.
자기 전에 커피 다섯 잔을 마시는 것은 좋은 생각이 아니었어.

⭐ Expressions

• **biased** 선입견 있는, 편파적인 • **throughout** 내내 • **down** 쑤셔 넣듯이 마시다, 급히 다 마시다

아무것도 하지 마. / 가만히 있어.

🙂 Don't do anything.

😊⁺ **Sit tight.**

"아무것도 하지 말고 가만히 있어."는 영어로 어떻게 말할까요? "아무것도 하지 마."는 "Don't do anything."이라고 할 수 있고, "가만히 있어."는 "Stay still."이라고 할 수 있죠. 이 두 문장을 하나로 묶어서 동시에 표현할 수 있는 문장은 바로 "Sit tight."입니다. 직역하면 "가만히 앉아 있어."라는 말이지만, "아무것도 하지 말고 가만히 있어."라는 뉘앙스가 있습니다.

✓ 이렇게 활용해 보세요

Sit tight. Don't do anything stupid. I'll figure it out.
가만히 있어. 바보 같은 짓 하지 말고. 내가 다 해결할게.

Due to rising inflation, retail investors are being forced to **sit tight.**
물가 상승으로 인해, 일반 투자자들은 가만히 있을 수밖에 없는 상황이다.

Just **sit tight** until the scores come out. There's nothing we can do right now.
시험 점수가 나올 때까지 그냥 가만히 있어. 지금 우리가 할 수 있는 건 없어.

⭐ Expressions

• **figure out** 처리하다, 알아내다 • **retail investor** 일반 투자자 • **be forced to** ~할 수밖에 없다

이젠 다 잊었어.

:(I forgot about it.

:)⁺ **I'm over it.**

어떤 일이나 상황에 대해서 "이젠 다 잊었어.", "이젠 괜찮아."는 영어로 어떻게 말할 수 있을까요? '잊다'라는 표현으로는 'forget'이 연상됩니다. 이 표현을 사용해서 "I forgot about it."이라고 할 수 있죠. 하지만 어떤 경우에는 '잊었다'라고 말할 때, '잊어버렸다'라는 의미 외에 '괜찮아졌다'라는 의미도 담고 있습니다. 이럴 때는 영어로 "I'm over it."이라고 합니다. 여기서 'it' 대신 'him' 또는 'her'로 바꿔서 쓸 수도 있습니다.

 이렇게 활용해 보세요

I forgive you. **I'm** completely **over** it.
널 용서할게. 이젠 완전히 다 잊었어.

Annie was sad about not getting a birthday present, but she**'s over** it now.
애니는 생일 선물을 받지 못해서 슬펐지만, 지금은 괜찮아졌다.

Getting over Eddie after breaking up with him was emotionally challenging.
에디와 헤어진 후 그를 잊는 것은 심적으로 굉장히 힘들었다.

 Expressions

• completely 완전히 • emotionally 감정적으로 • challenging 힘이 드는

그러니까 말이야. / 내 말이.

🙂 That's what I'm saying.

😊⁺ **Tell me about it.**

누군가의 말에 공감할 때, "그러니까 말이야." 혹은 "내 말이 (그 말이야)."라고 많이 합니다. 이건 영어로 어떻게 표현할 수 있을까요? 보통 "내 말이 그 말이야."의 직역인 "That's what I'm saying."으로 표현할 수 있습니다. 하지만 이보다 더 간결하고 원어민스러운 표현은 "Tell me about it."입니다. 이를 직역하면 "그것에 대해서 더 말해줘."라는 의미가 되지만, 사실은 비슷한 경험이 있거나 격하게 공감이 되는 나머지 "더 말할 필요 없어.", "충분히 이해해."라는 의미입니다.

 이렇게 활용해 보세요

Tell me about it. I'm actually thinking of moving places because of my loud neighbors.
나도 그래. 이웃들이 너무 시끄러워서 이사할까 생각 중이야.

Yeah, **tell me about it!** I've tried everything to improve my English for the past five years.
그러니까, 내 말이! 나도 지난 5년간 영어 실력을 늘리기 위해서 온갖 노력을 다했어.

Tell me about it. My parents won't even let me go out past 10 PM.
그러니까 말이야. 우리 부모님은 저녁 10시 이후로는 집 밖에 못 나가게 하셔.

⭐ Expressions

• **move places** 이사하다 • **try everything** 모든 것을 다 해 보다 • **go out** 나가서 놀다

너무 재미있게 지내고 있어.

☺ I'm having so much fun.

☺⁺ **I'm having a blast.**

"너무 재미있게 지내고 있어."는 영어로 어떻게 표현할까요? '재미있다'라는 표현은 보통 'fun'이라는 단어가 동반됩니다. 그래서 "I'm having so much fun."을 생각할 수 있죠. 하지만 엄청난 즐거움을 표현할 때 더 적합하고 강조된 표현은 "I'm having a blast."입니다. 'blast'는 '폭발'을 의미하는데, 너무 즐겁고 행복해서 '좋은 기분이 폭발한다'라는 뉘앙스가 있습니다.

> ✓ 이렇게 활용해 보세요

I'm **having a blast** in New York! The people, the food, everything is amazing.
난 뉴욕에서 너무 좋은 시간을 보내고 있어. 사람들, 음식, 모든 것이 너무 좋아.

We're totally going to **have a blast** in Bali. Just thinking about the beach excites me.
우리는 발리에서 진짜 재미있게 놀 거야. 단지 해변 생각을 하는 것만으로도 설레.

I absolutely enjoyed Disneyland the last time I went, so I'm sure you'll **have a blast**!
내가 지난번에 디즈니랜드 갔을 때 정말 재미있게 놀았으니까, 너도 분명히 재미있어 할 거야.

 Expressions

• totally 완전히, 전적으로 • absolutely 정말로

수단과 방법을 가리지 않고 해.

☺ Just do it.

☺⁺ **Do whatever it takes.**

"수단과 방법을 가리지 않고 해."라고 무슨 수를 써서라도 어떤 일을 처리한다는 표현은 영어로 어떻게 말할까요? "(수단과 방법을 가리지 말고) 그냥 해."라는 뉘앙스로 "Just do it."이라고 할 수도 있지만, 이것보다 더 정확한 표현은 "Do whatever it takes."입니다. '모든 방법을 총동원해서' 일을 처리한다는 표현으로, 명령처럼 느껴지는 "Just do it."보다 일 처리의 과정을 강조합니다.

✓ 이렇게 활용해 보세요

I will **do whatever it takes** to launch our service in Thailand by
the end of the year.
나는 올해 말까지 태국에서 우리 서비스를 개시하기 위해 뭐든지 할 거야.

When Fred sets a goal, he will **do whatever it takes** to get it done.
프레드가 한 번 목표를 정하면, 그것을 이루기 위해 무슨 일이든 할 거야.

Winning is everything, and we will **do whatever it takes** to win.
이기는 것이 전부이고, 우리는 이기기 위해 수단과 방법을 가리지 않을 거야.

✓ Plus 표현

at all costs '무조건'이라는 뜻으로, '무슨 일이 있더라도' 또는 '할 수 있는 일을
총동원해서' 어떤 일을 실현시킬 때 사용할 수 있습니다.

⭐ Expressions
• launch 개시하다 • by the end of the year 연말까지 • get it done (일을) 성사시키다, 해내다

완전히 기대돼.

😐 I'm so excited.

😊⁺ **I'm pumped.**

"완전히 기대돼."는 영어로 어떻게 말할까요? 보통 '기대된다'라고 할 때는 'excited'를 많이 사용합니다. 여기서 더 원어민스러운 표현은 'pumped'입니다. 어떤 일에 대한 기대가 생기면 심장이 뛰는 현상을 느낄 수 있죠? 이런 현상에 비유하여, "I'm pumped."라고 하는 거죠. 얼마나 기대하고 있는지를 과장해서 표현하는 말입니다.

 이렇게 활용해 보세요

I'm so **pumped** for Post Malone's concert tonight.
오늘 밤의 포스트 말론 콘서트가 너무 기대돼.

The coach's pep talk got our team all **pumped** up before the game.
경기 시작 전 코치의 격려사는 우리 팀의 사기를 충전했다.

I was so **pumped** for tomorrow's swim meet that I couldn't sleep.
내일 열리는 수영 대회가 너무 기대돼서 한숨도 못 잤어.

 Plus 표현

I'm looking forward to it. "나 엄청 기대하고 있어."라는 뜻으로, 'look forward to'는 '(특정 날이나 이벤트를) 고대하고 있다'라는 의미입니다.

 Expressions

• pep talk (중요한 일 전에 하는) 격려/동기 부여의 말 • swim meet 수영 대회

개인적인 감정은 없어.

> 😐 I don't have personal feelings.
> 🙂⁺ **It's nothing personal.**

"개인적인 감정은 없어."라는 표현은 영어로 어떻게 해야 할까요? '없어'는 'I don't have'이고, '개인적인 감정'은 'personal feelings'이니, 둘을 합쳐 "I don't have personal feelings."라고 말할 수 있죠. 하지만 이보다 더욱 쉽고 간단한 표현은 "It's nothing personal."입니다. '개인적인 감정 때문에 이러는 것이 아니다'라는 표현입니다. 구어체에서 'It's'는 생략할 수도 있습니다.

 ✓ 이렇게 활용해 보세요

Nothing personal, but can you stop shaking your leg, please?
개인적인 감정은 없지만, 다리 좀 그만 떨어 줄래?

I have **nothing personal** against Sophie, but I can't stand losing to her.
소피한테 개인적인 감정은 없지만, 그녀에게 지는 것은 참을 수 없어.

It's nothing personal, but I think it would be best for everyone if you didn't come to my birthday party.
개인적인 감정은 없지만, 모두를 위해 네가 내 생일 파티에 오지 않는 것이 좋을 것 같아.

⭐ Expressions

• can't stand 참을 수 없다 • be best for everyone 모두에게 최선이다

일이 산더미야.

> 😐 I have so much work.
>
> 🙂 **I'm swamped.**

"일이 산더미야."는 영어로 어떻게 표현할까요? 회사 또는 일상생활에서 "일이 너무 많다."라고 할 때, 보통 직역하여 "I have so much work."라고 할 수 있죠. 하지만 이 표현은 '일이 정말 많다'라는 표현 외에 '너무 힘들다'라는 뉘앙스를 강조하기엔 부족할 수 있습니다. 이럴 때는 "I'm swamped." 혹은 "I'm swamped with work."라는 표현을 사용하면 됩니다. 'swamp'는 '쇄도하다', '뒤덮다'라는 뜻으로, '일이 산더미다'라는 표현에 적합합니다.

 이렇게 활용해 보세요

I can't go out this week. **I'm** absolutely **swamped** with work.
이번 주엔 나가서 놀지 못할 것 같아. 할 일이 정말 산더미야.

I don't care how **swamped** you are with work, I need you to eat your meals on time.
일이 아무리 많아도, 밥은 꼭 제때 챙겨 먹어야 해.

I was so **swamped** with work last night that I had to sleep in my office.
어젯밤에 회사 일이 너무 많아서 사무실에서 잤어.

⭐ Expressions

• **go out** 나가서 놀다 • **on time** 제때

너무 귀찮고 번거로워.

☹ It's too bothersome.

☺⁺ **It's a hassle.**

"너무 귀찮고 번거로워."는 영어로 어떻게 말할 수 있을까요? "귀찮게 하지 마."라는 표현으로 "Don't bother me."가 있기 때문에 특정 일이 귀찮고 번거로울 때 "It's too bothersome."이라고 표현할 수도 있습니다. 하지만 일상생활에서 이렇게 말하기는 어색한 부분이 있습니다. '번거로운 일'이라는 뜻의 'hassle'을 사용해서 "It's a hassle."이라고 하는 것이 자연스럽습니다.

 이렇게 활용해 보세요

If **it's** too much of **a hassle**, don't worry about it.
너무 번거로우면 신경 쓰지 마.

Are you free for a quick call right now, or **is it** too much of **a hassle**?
지금 잠깐 통화할 시간이 될까, 아니면 너무 번거로운가?

Commuting to work was always **a hassle** for me, but getting a car resolved everything.
회사에 통근하는 것이 항상 번거로웠는데, 차를 사고 나서 모든 것이 해결됐어.

⭐ Expressions

• resolve 해결하다 • commute to work 통근

오해하지 마.

☹ Don't mistake me.

☺⁺ **Don't get me wrong.**

상대방에게 "오해하지 마."라고 할 때, 영어로 어떻게 표현할까요? '오해하다'라고 하면 보통은 'mistake'를 연상합니다. 직역하여 "Don't mistake me."라고 말해도 충분히 의미도 전달되고, 틀린 표현도 아닙니다. 하지만 훨씬 더 자연스럽고 원어민들이 자주 사용하는 표현은 "Don't get me wrong."입니다. 내가 하는 말을 "꼬아서 듣지 마." 혹은 "안 좋게 생각하지 마."라는 뉘앙스이므로 다양한 상황에 사용할 수 있습니다.

 ✓ 이렇게 활용해 보세요

Don't get me wrong, I'd love to attend your wedding, but I'm just swamped with work this week.
오해하지 마, 네 결혼식에 너무 가고 싶은데 이번 주에 내가 너무 바빠.

Don't get me wrong, we're really good friends. It's just that Jenny's jokes cross the line sometimes.
오해하지 마, 우린 정말 친한 사이이긴 한데, 그저 가끔 제니의 농담이 도를 넘을 때가 있어.

Don't get me wrong, I love New York, but the food prices are devastatingly high.
오해하지 마, 난 뉴욕이 너무 좋지만, 음식 가격이 어마어마하게 비싸.

⭐ Expressions

• **attend** 참석하다 • **cross the line** 선을 넘다 • **devastatingly** 엄청나게, 어마어마하게

내 직감이야.

😐 It's my feeling.

😊 **It's my gut feeling.**

"내 직감이야."는 영어로 뭐라고 표현할까요? '직감'은 곧 '느낌'과 이어지는 것이기에 'feeling'을 사용한 "It's my feeling."으로 생각할 수 있습니다. 하지만 이 표현은 조금 어색하고, 의미가 정확하게 전달되지 않습니다. '직감적인 느낌'을 강조하는 표현은 "It's my gut feeling."입니다. 여기서 'gut feeling'은 '직감적인, 동물적인 느낌'이라는 뜻입니다.

 이렇게 활용해 보세요

My gut feeling tells me that there is something very weird about this contract.
내 직감으로는 이 계약에 뭔가 아주 이상한 점이 있는 것 같아.

I have a **gut feeling** that your boyfriend is cheating on you.
내 직감상 네 남자 친구가 바람을 피우고 있는 것 같아.

It's just **my gut feeling** that their relationship won't last.
내 직감으로는 걔네 연애가 오래갈 것 같지는 않아.

⭐ Expressions

• cheat on 바람을 피우다 • last 오래가다

이제 쌤쌤이야.

☹ Now we're the same.

☺⁺ **Now we're even.**

"우리 이제 쌤쌤이야."는 영어로 어떻게 표현할까요? "우리 이제 (서로에게 빚진 것 없이) 같은 상황이야."라는 의미로 "Now we're the same."을 연상할 수 있습니다. 이 표현은 의미는 전달될 수 있지만, 상황과 뉘앙스에 적합하지 않습니다. 보다 자연스러운 표현은 "Now we're even."입니다. 'even'은 '고른', '일정한', '동등한'이라는 의미를 가지고 있습니다.

✓ 이렇게 활용해 보세요

You lent me your charger, and I bought you a cup of coffee. **Now we're even**, right?
넌 나에게 충전기를 빌려줬고, 난 너에게 커피를 사 줬으니까. 이제 쌤쌤인 셈이지, 맞지?

Jen helped me with my homework after I helped her prepare for her interview. We can call it **even**.
내가 젠의 면접 준비를 도와준 후에 그녀는 내 숙제를 도와줬어. 우리는 쌤쌤으로 하기로 했어.

Given everything I've done for you, we will probably never **be even**.
내가 너를 위해 해 준 모든 것을 고려했을 때, 넌 평생 다 못 갚을 거야.

 Expressions

• lend 빌려주다 • given ~을 고려해 볼 때

그냥 인정해.

☺ Just say yes.

☺⁺ **Just admit it.**

"그냥 인정해."는 영어로 뭐라고 말할까요? 누군가가 '인정'을 한다면 내가 한 말에 '긍정적으로 답을 해라'라는 뜻으로 해석이 될 수 있습니다. 하지만 "Just say yes." 라는 표현은 "인정해."라는 표현보다 "좋다고 해."라는 뜻에 가깝습니다. 단순히 "예스라고 말해."라는 의미가 아니라, "인정해."라는 뉘앙스를 살리려면 "Just admit it."이라고 말하는 게 더 적합합니다.

 ✓ 이렇게 활용해 보세요

Just admit it, Max. I already have evidence that you've been cheating on me.
그냥 인정해. 맥스. 네가 바람 피웠다는 증거를 갖고 있어.

Can you please **just admit** that you're not the best cook and start taking cooking classes?
그냥 네가 요리를 잘하지 못한다는 걸 인정하고 요리 수업을 들으면 안 돼?

Just admit it. You copied my homework and I got in trouble for it.
그냥 인정해. 네가 내 숙제를 베꼈고 그것 때문에 내가 곤경에 처했어.

★ Expressions

• to not be the best cook 요리를 못한다 • get in trouble 혼나다, 곤경에 처하다

엄청 오랜만이다.

😐 I haven't seen you in a while.

😊 **It's been a minute.**

"엄청 오랜만이다."는 영어로 어떻게 표현할까요? 흔히 직역해서 "I haven't seen you in a while."이라고 말할 수 있죠. 틀린 표현은 아니지만, 더 센스 있게 표현하는 방법은 "It's been a minute."입니다. 'a minute'은 1분이지만, 여기에서는 매우 시간이 오래 흘렀음을 비유적으로 표현한 것입니다. '서로 안 본 지 오래됐다' 또는 '어떤 일을 마지막으로 한 지 오래됐다'라는 의미로 쓸 수 있습니다.

It's been a minute since we last caught up.
우리가 마지막으로 본 지 엄청 오래됐다.

It was so nice to finally see you after 10 years. **It's been a minute.**
10년 만에 드디어 볼 수 있어서 너무 좋았어. 엄청 오랜만이야.

It's been a minute since I've driven a bus.
버스를 운전한 지 정말 오래되었다.

It's been some time. 오랜만에 만난 상대에게 할 수 있는 말로 'some time'은 '어느 정도의 시간'을 의미합니다. 누군가와의 교류가 오랫동안 없었다는 표현으로 "It's been some time since we last met."이라고 할 수 있습니다.

⭐ Expressions

• catch up 만나다 • since ~한 지

너무 스트레스받아.

☺ I'm getting so much stress.

☺⁺ **I'm stressed out.**

"너무 스트레스받아."는 영어로 어떻게 표현할까요? '받는다'라는 뜻의 'get'을 써서 "I'm getting so much stress."라고 직역할 수 있습니다. 하지만 이 표현은 원어민에게 상당히 부자연스럽게 들릴 수 있습니다. 스트레스받는 기분을 강조해서 말하려면 간단히 "I'm stressed out."이라고 하면 됩니다.

✓ 이렇게 활용해 보세요

I'm so **stressed out** about this assignment. Our professor didn't give us any instructions at all.
난 이 과제 때문에 너무 스트레스받고 있어. 우리 교수님이 아무런 방향성도 제시해 주지 않았어.

I really don't think you should be **so stressed out** about this issue.
난 정말 네가 이 문제에 대해 스트레스 안 받아도 될 것 같아.

Eric always seems **stressed out** about money because he didn't come from much.
에릭은 부유하게 자라지 않아서 항상 돈 때문에 스트레스받는 것 같아.

★ Expressions

• didn't come from much 부유하게 자라지 않았다

선택권이 없었어.

☹ I couldn't choose.

☺⁺ **I didn't have a choice.**

"난 선택권이 없었어."는 영어로 어떻게 표현할까요? '선택하다'는 영어로 'choose' 이므로, "I couldn't choose."라고 생각할 수도 있습니다. 하지만 이 표현은 단순히 '(선택이라는) 결정을 할 수가 없었다'라는 의미로, '상황이 어쩔 수 없었다' 라는 뉘앙스는 나타내기 어렵습니다. 이럴 땐 "I didn't have a choice."가 더 적합합니다. 'choice'를 사용해서 '선택권'이라는 표현을 제대로 할 수 있습니다.

✓ 이렇게 활용해 보세요

I would've done it differently if it were up to me. I simply **didn't have a choice**.
만약 내가 선택할 수 있었다면 다르게 했었을 거야. 난 단지 선택권이 없었어.

There is nothing worse than **not having a choice** in how to live your life.
인생을 살면서 선택권이 없는 것만큼 안 좋은 것은 없어.

The moment you realize you **don't have a choice** is when it's already too late.
선택의 여지가 없다는 것을 깨닫는 순간은 너무 늦은 때입니다.

⭐ Expressions

• differently 다르게   • worse than ~ ~보다 나쁜

오늘 하루 좀 쉬어야겠어.

☺ I need to rest today.

☺⁺ **I need a day off.**

몸이 피곤하고 안정을 취해야 할 때, "오늘 하루 좀 쉬어야겠어."라는 표현은 영어로 어떻게 할까요? '쉼'이란 단어는 'rest'가 연상되죠. "I need to rest today."라고 해도 크게 틀리지는 않습니다. 하지만 직장에서나, 원래 하던 일을 멈추고 '오늘 하루는 스위치를 끄고 쉬겠다'라는 표현으로 더 적합한 것은 "I need a day off." 입니다. 'day off'는 어떤 근무나 특정일에서 '하루 쉰다'라는 의미이므로, 일상 생활이나 직장에서 사용할 수 있습니다.

 이렇게 활용해 보세요

This week has been super hectic. I really **need a day off**.
이번 주에 정말 살인적으로 바빴어. 오늘 하루는 좀 쉬어야겠어.

Just ask your manager and **take a day off**. I'm sure he'll understand.
너희 매니저에게 물어보고 오늘 하루는 좀 쉬어. 분명히 이해할 거야.

I need you to **take a day off**. When's the last time you had a good night's sleep?
오늘 하루만 쉬어. 마지막으로 푹 잔 게 언제야?

⭐ Expressions
• hectic 정신없이 바쁜 • have a good night's sleep 숙면하다

UNIT 047

너무 아까워. / 실망스러워.

🙁 That's regretful.

😊⁺ **That's a bummer.**

"너무 아까워." 혹은 "실망스러워."라고 할 때 영어로 어떻게 말할까요? '아쉬움'을 의미하는 'regretful'을 연상해서 "That's regretful."이 생각 날 수도 있습니다. 하지만 이 표현은 어색할 뿐 아니라 틀린 표현입니다. "너무 아까워.", "실망스러워." 라고 하려면 "That's a bummer."라고 말합니다. 여기서 'bummer'은 '실망' 이라는 뜻으로, 실망스러운 일이나 안타까운 일이 있을 때 사용할 수 있습니다.

 이렇게 활용해 보세요

It **was a bummer** that Amy didn't land her dream job, but she was still able to get one in New York.
에이미가 정말 아쉽게도 꿈의 직장에 취직하지는 못했지만, 뉴욕에서 직업을 구할 수 있었어.

It **was** truly **a bummer** that it rained on the day of our field trip.
수학여행 가는 날 비가 와서 너무 아쉬웠어.

My favorite Italian restaurant was closed on my birthday. What **a bummer**.
내가 제일 좋아하는 이탈리아 음식점이 내 생일에 문을 닫았지 뭐야. 너무 실망스러워.

⭐ Expressions

• land a job 직장을 얻다   • truly 정말로

62

난 쉽게 질려. / 난 쉽게 싫증 나.

☺ I get bored easily.
☺* **I get sick of it easily.**

"난 (어떤 일에) 쉽게 싫증 나."는 영어로 어떻게 표현해야 할까요? 싫증이란 감정은 곧 지루함을 느끼는 것과 비슷하기 때문에 "I get bored."에 '쉽게'라는 표현까지 추가해서 "I get bored easily."라고 생각할 수 있습니다. 하지만 이 표현은 말 그대로 '쉽게 지루함을 느낀다'라는 뜻이고, '싫증 난다'라는 감정을 나타내기 어렵습니다. 정확한 의미를 표현하려면 "I get sick of it easily."라고 합니다. 'sick of ~'은 '~에 질린'이라는 의미로, 다양한 상황에 사용할 수 있습니다.

✓ 이렇게 활용해 보세요

I don't play video games because I tend to **get sick of** them very quickly.
난 게임에 금방 질리는 경향이 있어서 게임 자체를 안 해.

I don't get how people **get sick of** Disney movies. I could watch them all day.
어떻게 사람들이 디즈니 영화에 질리는지 모르겠어. 나는 온종일 볼 수도 있어.

I don't know how people eat plain chicken breasts. I had it for lunch and I'm already **sick of it**.
사람들이 양념 안 된 닭가슴살을 어떻게 먹는지 모르겠어. 점심 때 하나 먹었는데 벌써 질려.

★ Expressions

• **all day** 온종일

내가 약속할게.

☺ I promise you.

☺⁺ **You have my word.**

정말 중요한 약속은 꼭 지켜야 하죠. 이런 중요한 약속을 할 때 "내가 꼭 약속할게."를 영어로 어떻게 말할까요? 우리가 통상적으로 약속을 한다고 표현할 때 "I promise you."라고 합니다. 하지만 "꼭 지킬게."라는 표현을 강조하려면 "You have my word."라고 할 수 있습니다. 이 표현은 "내 말을 담보로 하고 약속을 지킬게."라는 뜻입니다.

✓ 이렇게 활용해 보세요

I will pay you back the $50,000 in exactly 20 days. **You have my word.**
내가 빌린 5만 달러는 정확히 20일 후에 갚을게. 내가 약속할게.

You have my word that I will pull my weight on this project.
이번 프로젝트에 내가 맡은 임무는 완벽하게 할 거라고 약속할게.

I will review your essay and provide feedback before I go to bed tonight. **You have my word.**
오늘 자기 전에 네 에세이 읽어 보고 피드백 주도록 할게. 내가 약속해.

 Expressions

• pull my weight 내 할당량/할 일을 하다 • provide feedback 피드백을 주다
• before I go to bed 자기 전에

정말 좋은 기회야.

☺ It's a good chance.

☺⁺ **It's a good opportunity.**

"정말 좋은 기회야."는 영어로 어떻게 표현할까요? '기회'라는 단어를 떠올리면 'chance'와 'opportunity' 두 단어가 떠오르죠. 여기서 조금 더 접근성이 좋고 쉬운 단어 'chance'를 사용하여 "It's a good chance."라고 표현할 수도 있지만, 'chance'는 '기회'보다는 '가능성', '경우의 수'의 뉘앙스와 더 가깝기 때문에 'opportunity'를 사용하는 것이 더 적합합니다.

✓ 이렇게 활용해 보세요

This job offer is **a great opportunity** for you to expand your network in the industry.
이 일은 너에게 이 업계의 네트워크를 쌓을 수 있는 정말 좋은 기회야.

No matter what haters say, going on this show can be **a good opportunity** to promote your company.
남들이 뭐라 하든, 이 쇼에 출연하는 것은 네 회사를 홍보할 정말 좋은 기회가 될 수도 있어.

This collaboration is **too good of an opportunity** for you to pass up.
이 합동 작업은 포기하기엔 너무 좋은 기회야.

★ Expressions

• industry 산업, 업계 • hater 싫어하는 사람 • promote 홍보하다 • collaboration 공동 작업
• pass up 포기하다

충분해. / 그쯤 하면 됐어.

> ☺ Stop now.
>
> ☺⁺ **That's enough.**

"이제 충분해.", "그쯤 하면 됐어."라고 단호하게 말하려면 영어로 어떻게 해야할까요? "이제 그만해."를 직역하면 "Stop now."가 됩니다. 하지만 막상 말을 해 보면 어감상으로 다소 어색합니다. 하던 일을 갑자기 멈추라는 말처럼 들리기 때문입니다. "그쯤 하면 됐어."라는 뉘앙스를 표현하려면 "That's enough."라고 하면 됩니다. 'enough'는 '충분한'이라는 뜻으로, 다양한 상황에서 사용할 수 있습니다.

✓ 이렇게 활용해 보세요

That's enough! The more we argue, the less productive we'll be.
그만 좀 싸워! 팀 내부의 갈등이 많아질수록, 덜 생산적일 거야.

That's enough binge-watching for me today. I literally spent all day watching *Friends*.
오늘 TV 몰아 보기는 이만하면 충분해. 오늘 온종일 정말 '프렌즈'만 봤어.

That's enough. I can't stand my manager's micromanagement anymore.
이제 더 이상 못하겠어. 우리 매니저의 세부적인 관리를 더 이상 못 참겠어.

 Expressions

• **productive** 생산적이다 • **binge-watching** 정주행, 몰아 보기 • **can't stand** 못 버티다, 못 참다
• **micromanagement** 세부적인 관리, 통제적인 관리

66

쉬엄쉬엄해.

😐 Don't work too hard.

😊⁺ **Take it easy.**

"쉬엄쉬엄해."는 영어로 어떻게 표현할까요? 어떤 일을 부담 가지면서 일하지 말라는 의미로 "너무 열심히 일하지 않아도 돼."라는 뜻의 "Don't work too hard."라고 생각할 수 있죠. 하지만 "무리하지 마." 혹은 "부담 갖지 말고 해."라는 표현은 "Take it easy."라고 말할 수 있습니다. 의사가 환자에게 "너무 무리하지 말고 쉬세요."라고 할 때도 이 표현을 사용합니다.

 ✓ 이렇게 활용해 보세요

Hey, **take it easy**. Don't put too much pressure on yourself.
이봐, 좀 쉬엄쉬엄해, 너 자신에게 너무 부담 주지 마.

The doctor told me to stay away from intense exercise and to **take it easy** for the next couple of weeks.
의사 선생님이 몇 주간은 격렬한 운동은 피하고 좀 쉬라고 하셨어.

The company pays you the same no matter how hard you work. **Take it easy**.
네가 얼마나 열심히 일하든 회사는 같은 돈을 줄 거야. 쉬엄쉬엄해.

⭐ Expressions
• put too much pressure 너무 심하게 부담을 갖다   • stay away 멀리하다

너무 오글거려.

> 😐 That's too greasy.
>
> 😊⁺ **That makes me cringe.**

"너무 오글거려."는 영어로 어떻게 표현할까요? '느끼하다'라는 말을 연상해서 "That's too greasy."를 생각할 수도 있지만, '오글거리다'에 제일 적합한 표현은 "That makes me cringe."입니다. 'cringe'는 '움츠리다'라는 뜻으로, 손발이 오그라드는 행동을 묘사한 표현입니다.

 이렇게 활용해 보세요

I've watched this movie more than three times and it **makes me cringe** every single time.
난 이 영화를 세 번 이상 봤고, 볼 때마다 오글거렸어.

The music is fine, but the lyrics **make me cringe**.
음악 자체는 괜찮은데, 가사가 너무 오글거려.

Claire **cringes** whenever she talks about her husband's proposal.
클레어는 남편의 프러포즈에 대해 얘기할 때마다 오글거려 해.

 Plus 표현

'cheesy'는 '치즈가 많이 들어갔다'라는 뜻도 되지만, '오글거린다'라는 표현도 됩니다. 대표적인 예는 'cheesy pickup lines' 즉 '오글거리는 작업 멘트'입니다.

⭐ Expressions

• lyric 노래 가사 • pickup line 작업용 멘트

주식이 떡상했어.

> 😐 The stock went up.
> 😊 **The stock skyrocketed.**

"주식이 떡상했어."는 영어로 어떻게 표현할까요? '떡상하다'라는 말은 '위로 올라가다'를 연상하여 'go up'을 생각할 수 있겠죠. 하지만 '급상승했다' 혹은 '치솟았다'라는 의미를 담은 표현은 'skyrocket'입니다. 그래서 "The stock skyrocketed."이라고 할 수 있습니다. '하늘 위로 로켓처럼 발사되다'라는 비유의 표현이며, 다양한 상황에서 사용할 수 있습니다.

 이렇게 활용해 보세요

The biotechnology **stock skyrocketed** after the company received an FDA approval.
이 바이오 회사의 주가가 FDA 승인을 받은 후 떡상했다.

Be careful of stocks that **skyrocket** without cause. You don't know when they'll start plummeting.
갑자기 이유 없이 떡상하는 종목들은 조심해야 해. 언제 떡락할지 몰라.

There is no sure-fire way to tell which **stock will skyrocket** in the next five hours.
5시간 내에 어떤 주식이 떡상할지 확실히 알 방법은 없어.

⭐ Expressions

• stock 주식 • plummet 급락하다 • sure-fire way 확실한 방법

넌 너무 당연하게 여겨.

☺ You don't appreciate it.

☺⁺ **You take it for granted.**

"넌 너무 당연하게 여겨."는 영어로 어떻게 말할까요? '고마운 줄 모른다'라는 뜻으로 보아서 "You don't appreciate it."을 생각할 수 있습니다. 의미만 따지면 틀린 표현은 아니지만, 이보다 더 적합한 표현은 "You take it for granted."입니다. 'grant'는 '허락하다'라는 뜻으로, 'take it for granted'는 '당연시 여기다'라는 의미가 됩니다. 사물이나 상황이 아닌 '사람을 당연시 여기다'는 'take (somebody) for granted'이라고 표현할 수 있습니다.

 이렇게 활용해 보세요

I broke up with Fred because he seemed to **take me for granted**.
프레드가 날 항상 당연하게 여기는 것 같아서 헤어졌어.

It's important to be thankful because we tend to **take everything we have for granted**.
우리는 갖고 있는 모든 것을 당연하게 여기는 경향이 있기 때문에 감사할 줄 아는 것이 중요하다.

After his trip to Hungary, Eddie realized he shouldn't **take the sunny California weather for granted**.
헝가리에 다녀온 후, 에디는 화창한 캘리포니아 날씨를 당연시 여겨선 안 된다는 것을 깨달았다.

⭐ Expressions

• **break up** 헤어지다 • **be thankful** 감사하다

가까워. / 걸어갈 수 있는 거리야.

> ☺ It's very close.
>
> ☺⁺ **It's walking distance.**

"가까워.", "걸어갈 수 있는 거리야."라고 할 때 영어로 어떻게 표현할까요? '가까운'이라는 'close'를 사용해서 "It's very close."라고 직역해서 말할 수도 있습니다. 하지만 이 표현은 추상적인데다가 거리가 얼마나 가까운지에 대한 정보는 주기 어렵습니다. "It's walking distance."라는 표현은 말 그대로 "걸어갈 수 있는 거리야."라는 의미로, "걸어갈 수 있을 만큼 가깝다."라는 말이 됩니다.

 ✓ 이렇게 활용해 보세요

Let's check out the sandwich place for dinner. **It's walking distance** from our place.
우리 저녁으로 샌드위치 먹으러 가자. 우리 집에서 엄청 가까워.

I love this part of town because everything I need is within **walking distance.**
내가 필요한 것들이 모두 가까이 있어서 난 이 동네가 좋아.

I don't care about the quality of the gym, I just need it to be within **walking distance** from my home.
체육관의 질은 상관없고, 그냥 우리 집에서 가까웠으면 좋겠어.

★ Expressions

• ~ place ~를 전문적으로 파는 가게, 식당   • our place 우리 집

언제 한번 뭉치자.

☹ Let's gather sometime.

☺⁺ **Let's hang out sometime.**

친구들이나 동료들에게 "우리 언제 한번 뭉치자."라고 할 때 영어로 어떻게 말해야 할까요? '뭉치자'라는 표현을 직역해서 'gather'이라고 생각할 수도 있지만, 이런 표현은 '사물이나 물건을 모으다'라는 뉘앙스에 가깝습니다. 친구들과 뭉치는 것은 만나서 '노는' 것이므로 "Let's hang out."이라고 하면 됩니다. 'hang out'은 '만나서 시간을 보내다'라는 뜻입니다.

✓ 이렇게 활용해 보세요

It's been forever since we last met. Let's **hang out sometime**.
우리 본 지 너무 오래됐어. 언제 한번 놀자.

Next time, the three of us should all **hang out** together.
다음에 우리 셋이 같이 보자.

I never want to **hang out** with Yuna again.
난 다시는 유나랑 놀지 않을 거야.

✓ Plus 표현

get together 'hang out'은 '놀자'라는 표현에 가깝다면 'get together'는 다수의 친구한테 "우리 언제 한번 다 같이 모이자"라는 뜻이 됩니다. "We should all get together for dinner sometime."이라고 말할 수 있습니다.

 Expressions

• **it's been forever ~** ~한 지 굉장히 오래됐다 • **last** 마지막으로

하려는 말이 뭐야?

☺ What are you trying to say?

☺⁺ **What's your point?**

"하려는 말이 뭐야?"라고 상대방에게 물어볼 때는 영어로 어떻게 말할까요? 이 말을 직역해서 말하면 "What are you trying to say?"가 됩니다. 하지만 이 표현은 너무 길 뿐만 아니라, 상대방에게 시비를 거는 뉘앙스가 됩니다. 이 표현을 간단하고 센스 있게 말하려면 "What's your point?"라고 하면 됩니다. 여기서 'point'는 '하려는 말', '요점'이라는 뜻입니다.

 이렇게 활용해 보세요

We all know that already. So **what's your point?**
그건 우리가 이미 알고 있는 거야. 그래서 하려는 말이 뭔데?

What's your point in bringing this up all of a sudden?
이 얘기를 갑자기 꺼낸 이유가 뭐야?

What exactly is your point in this argument?
이 논쟁에서 너의 요점이 정확히 뭐야?

⭐ Expressions
• bring something up (얘기 등을) 꺼내다　• all of a sudden 갑자기

네가 낄 자리가 아니야.

😐 You can't join.

😊⁺ **It's not your place.**

선을 넘는 상대에게 "네가 낄 자리가 아니야."라고 할 때는 어떻게 말할까요? '끼다'라는 뜻의 'join'을 사용해서 "You can't join."이라고 하면, 정말 어떤 일이나 자리에 '사람이 포함될 수 없다'라는 뜻이 됩니다. "네가 이래라저래라 말할 상황이 아니야."라는 의미에 더 가까운 표현은 "It's not your place."입니다. '자리'를 의미하는 'place'를 쓰지만, 여기서는 '상황' 혹은 '처지'라는 뜻입니다.

> ✓ 이렇게 활용해 보세요

It's not your place to judge, especially when you have no idea what I'm going through.
이건 네가 판단할 일이 아니야, 더군다나 내가 지금 무슨 일을 겪고 있는지도 모르잖아.

I understand that you have your ways, but **it's not your place** to boss me around.
네 방식이 있는 건 이해되지만, 네가 나한테 이래라저래라 할 상황은 아니야.

It's not your place to tell me how I should live my life.
내가 인생을 어떻게 살아야 할지 네가 말할 처지는 아니야.

⭐ Expressions

• **have no idea** 무지하다, 모르다 • **your ways** 너의 방식

UNIT 060

영화를 보고 감동 받았어.

🙂 I was emotional after the movie.

😊⁺ **I was touched by the movie.**

영화를 보고 난 후 친구에게 "너무 감동 받았어."라고 할 때, 영어로 어떻게 말할까요? '감동'이라는 표현을 하려고 'emotional'이라는 단어를 사용할 수도 있습니다. 하지만 'emotional'은 '감동적인'보다는 '감정적인'이라는 뜻에 가깝기 때문에 정확한 의미를 전달하기 어렵습니다. 이럴 때 할 수 있는 표현은 "I was touched by the movie."입니다. 'touched'는 '감명 받은', '감동 받은'이라는 의미이고, 무언가가 '감동적이었다'라는 말은 'touching'을 씁니다.

 이렇게 활용해 보세요

Sam **was** so **touched by** the performance that he decided to become an opera singer.
샘은 공연에 너무 감동을 받은 나머지 오페라 가수가 되기로 마음먹었다.

Our student body president gave a very **touching** commencement speech that made everyone cry.
전교 회장의 감동적인 졸업 축사는 모두를 울렸다.

The producer **was** so **touched by** Julie's story that he gave her another chance at the audition.
프로듀서는 줄리의 사정에 너무 감동한 나머지 그녀에게 오디션 기회를 다시 한 번 주었다.

⭐ Expressions

• performance 공연　• student body president 전교 회장
• commencement speech 졸업 축사

75

그 노래가 계속 맴돌아.

☺ I keep thinking about that song.

☺⁺ **That song is stuck in my mind.**

특정 노래 혹은 장면이 뇌리에 박힐 때가 종종 있죠? 이렇게 어떤 것이 계속 머리에 맴돈다는 표현은 영어로 어떻게 할까요? 흔히 "I keep thinking about it."이라고 말할 수도 있는데요. 내 의지와 다르게 특정 노래가 계속 생각난다는 표현은 "This song is stuck in my mind."라고 할 수 있습니다. 'stuck in'은 '딱 달라붙다'라는 뜻으로, 뇌리에서 떼어지지 않는다는 의미가 됩니다.

 이렇게 활용해 보세요

Once a song is **stuck in my mind**, it's extremely difficult to get it out.
특정 노래가 뇌리에 한 번 박히면, 떨쳐 내기가 굉장히 어려워.

The horrific scenes from the movie **stuck in her mind** for a while.
그 영화의 끔찍한 장면들이 한동안 그녀의 머릿속을 맴돌았다.

One piece from Jackson Pollock's exhibition particularly **stuck in my mind** for a long time.
잭슨 폴록 전시회에서 봤던 한 작품이 특히 내 머릿속에 오랫동안 남았어.

★ Expressions

• extremely difficult 굉장히 어렵다 • for a while 꽤 오랫동안 • particularly 특히

네 마음 충분히 이해해.

☺ I understand your feelings.

☺⁺ **I feel you.**

"네 마음 충분히 이해해."는 영어로 어떻게 말할까요? 단순히 '마음'을 'feeling' 으로, '이해하다'를 'understand'로 생각해서 "I understand your feelings." 라고 표현해도 크게 틀린 것은 아니지만, 일상 대화에서 쓰면 다소 어색합니다. 대신 "I feel you."라는 표현을 사용하면 됩니다. 직역하면 "너를 느낀다."인데, "너의 상황과 마음을 헤아리고 이해한다."라는 공감의 뜻을 갖고 있습니다.

✓ 이렇게 활용해 보세요

I feel you. Breaking up with your boyfriend after five years must be really hard.
네 마음 이해해. 남자 친구와 5년 연애를 하고 헤어지는 건 정말 힘들 거야.

Yeah, **I feel you**, there is no way anyone would feel good after hearing that.
그래, 네 마음 이해해, 그 말을 듣고 기분이 좋을 리가 없지.

I've been stuck in traffic and I'm running late to my friend's wedding. I feel so bad. **Do you feel me**?
차가 막혀서 친구 결혼식에 늦을 것 같아. 친구한테 너무 미안해. 내 마음 이해되니?

★ Expressions

• be stuck in traffic 교통 체증에 걸리다   • run late 늦어지는

네 말에 일리가 있어.

☺ That sounds right.

☺⁺ **You have a point.**

"네 말에 일리가 있어."는 영어로 어떻게 표현할까요? "그 말이 맞게 들리네."라는 의미로 "That sounds right."가 생각 날 수 있습니다. 하지만 이 표현은 어색할 뿐만 아니라, "일리가 있어."라는 뉘앙스는 담지 못합니다. 이럴 땐 "You have a point."를 사용하면 됩니다. '요점(point)이 있다'라는 뜻으로, 사적이나 공적인 자리에서 모두 사용할 수 있습니다.

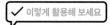 이렇게 활용해 보세요

You have a point. The harder I work now, the more I can achieve in the future.
네 말에 일리가 있어. 지금 내가 더 열심히 일할수록, 미래에 더 많은 것들을 이룰 수 있을 거야.

My manager **has a point**. If I quit my job to pursue my startup, I might risk having a stable life.
매니저님의 말에 일리가 있다. 만약 지금 사업을 하기 위해 일을 그만둔다면, 안정된 삶을 포기하는 것이다.

The real estate agent **had a point**. Buying property might not be the best investment in this economy.
부동산 중개인의 말도 일리가 있었다. 부동산을 사는 것이 지금 경제 상황에서 최선의 투자는 아닐지도 모른다.

 Expressions

• pursue my startup 스타트업을 추구하다　• in this economy 현재의 경제 상황에서

약속을 좀 미룰 수 있을까?

😐 Can we do this later?

😊⁺ **Can we push it back?**

"약속을 좀 미룰 수 있을까?"는 영어로 어떻게 말할까요? '나중에 하다'라는 의미로, "Can we do this later?"을 생각할 수 있습니다. 하지만 이 표현보다 훨씬 더 자연스러운 표현법은 "Can we push it back?"입니다. 'push back'은 '뒤로 미루다'라는 뜻으로, 미팅이나 약속을 '다음에 하자'라는 표현입니다.

Since our client already paid us in full, we can't **push back** the meeting anymore.
우리 고객께서 이미 전액 지불을 했기 때문에 더 이상 회의를 미룰 수 없어.

Can we **push** the meeting **back** by 30 minutes? I'm stuck in traffic and might be late.
혹시 미팅 30분만 늦출 수 있을까요? 차가 막혀서 조금 늦을 것 같습니다.

If you keep **pushing back** your wedding, you guys might have to wait until next year for the marriage.
너희 이렇게 결혼을 계속 미루다가는 내년까지 기다려야 할 수도 있어.

⭐ Expressions

• pay in full 전액을 지불하다   • stuck in traffic 교통 체증에 갇히다

내 일에 신경 꺼. / 너나 잘해.

☹ Get out of my situation.

☺⁺ **Mind your own business.**

"내 일에 신경 꺼.", "너나 잘해."는 영어로 어떻게 말할까요? "내 상황에서 나가."라고 직역해서 "Get out of my situation."이 떠오를 수 있습니다. 하지만 이보다 많이 사용되는 표현은 따로 있습니다. "Mind your own business."입니다. 'your own business'는 '너의 일'이라는 뜻이고, '신경 쓰다'라는 뜻의 'mind'를 합하여, "네 일이나 신경 써."라는 표현이 되는 겁니다.

 이렇게 활용해 보세요

Would you please just **mind your own business**? I don't need your thoughts on everything I do.
제발 내 일에 신경 꺼 주면 안 될까? 내가 하는 모든 일에 대해 네 생각을 듣고 싶지 않아.

Some people just need to **mind their own business** and stop judging other people.
사람들은 남의 일에 신경을 끄고, 타인에 대해 판단하는 것을 멈출 필요가 있어.

This is my problem, not yours. **Mind your own business**.
이건 내 문제지, 네 문제가 아니야. 내 일에 신경 꺼.

★ Expressions

• judge other people 다른 사람을 판단하다

내가 얻는 건 뭐야?

> 😕 What do I get?
>
> 😊⁺ **What's in it for me?**

협상 자리나 친구 사이에서 "내가 얻는 건 뭐야?"라고 할 때는 영어로 어떻게
표현할까요? 우리가 쉽게 생각할 수 있는 표현은 "What do I get?"입니다. "나는
뭘 갖는데?"라는 표현을 직역한 문장입니다. 하지만 이보다 실생활에서 더 자주
사용되는 표현은 "What's in it for me?"입니다. "나한테 주어지는 게 뭐야?"라는
뉘앙스를 갖고 있으며, 다양한 상황에서 사용할 수 있습니다.

What's in it for me? If I'm not benefiting from this deal, I'm not
signing the contract.
내가 얻는 건 뭐야? 나한테 이익을 줄 수 있는 거래가 아니라면, 난 이 계약 못 해.

What's in it for you? A once in a lifetime opportunity.
네가 얻는 건 뭐냐고? 일생일대의 기회를 얻는 거야.

If you keep asking "**what's in it for me**" in every situation, you'll
never be able to make real friends.
만약 네가 모든 일의 수지타산을 따지면서 살면, 넌 진정한 친구를 결코 사귈 수 없을 거야.

★ Expressions

• once in a lifetime 일생의 한 번   • sign the contract 계약에 서명하다

그 곡 엄청 들었어.

☺ I listened to it a lot.

☺⁺ **I had it on repeat.**

친구와 음악에 관한 얘기를 하다가 "그 곡 엄청 (많이) 들었어."라고 하려면 영어로 어떻게 말할까요? 단순하게 직역하면 "I listened to it a lot."이라고 할 수 있고, 여기서의 'it'은 특정 곡을 뜻하는 것입니다. 하지만 좀 더 센스 있게 말하는 방법은 "I had it on repeat."입니다. '그 곡을 반복 재생하면서 들었다'라는 뜻으로, '곡이 너무 좋아서 굉장히 많이 들었다'라는 표현입니다.

✓ 이렇게 활용해 보세요

My all-time favorite song is Jay Park's 'Yacht'– I've **had this song on repeat** since middle school.
내 최애 곡은 박재범의 '요트'라는 곡이야. 중학교 때부터 꾸준히 듣고 있어.

When I'm on a long plane ride, **I always have the same playlist on repeat.**
나는 장시간 비행을 할 때, 항상 같은 플레이리스트를 반복 재생해.

Your new single 'Fill It Up' is amazing. **I have it on repeat.**
네 최근에 나온 싱글 'Fill It Up' 너무 좋아. 나 계속 반복 재생하고 있어.

 Expressions

• all-time 사상 (최대/최하), 지금껏 • long plane ride 장거리 비행기 여행 • single (발매된) 싱글 곡

난 내 일에 보람을 느껴.

☺ I'm satisfied with my job.

☺⁺ **I feel fulfilled at work.**

"난 내 일에 보람을 느껴."는 영어로 어떻게 말할 수 있을까요? 어떤 일이나 상황에 '만족하다'라고 생각해서 "I'm satisfied with my job."이라고 말해도 틀리지는 않습니다. 하지만 '보람을 느끼다'라는 표현을 하기에 'satisfied'는 다소 어감이 부족합니다. '성취감을 느끼는'이라는 의미인 'fulfilled'를 사용해서 "I feel fulfilled at work."라고 하는 것이 더 적합합니다.

 이렇게 활용해 보세요

Above everything else, I'm super lucky to have found a job that **fulfills** me.
무엇보다도, 나는 보람을 느끼는 일을 찾아서 행운이라고 생각해.

No matter how much my company pays me, I want to work at a place where **I feel fulfilled**.
회사에서 월급을 아무리 많이 주더라도, 나는 내가 하는 일에 보람을 느낄 수 있는 곳에서 일하고 싶어.

Hailey recently quit her job to become a full-time YouTuber because she didn't **feel fulfilled at work**.
헤일리는 일에 보람을 느끼지 못해서 최근에 회사를 그만두고 전업 유튜버로 전향했어.

★ Expressions

• above everything 무엇보다도 • no matter 상관없다

그녀는 나의 이상형이야.

😐 She's attractive.

😊⁺ **She's my ideal type.**

누군가가 "나의 이상형이다."라고 할 때는 영어로 어떻게 표현할까요? 보통 '이상형'이라고 하면 '매력 있다', '끌린다'라는 의미가 있기 때문에 "She's attractive."라고 생각할 수 있습니다. 하지만 이 말은 단순한 '끌림'을 표현합니다. '이상형'이라는 단어는 'ideal type'이라고 하면 됩니다. 'ideal'은 '이상적인'이란 의미입니다. "내 이상형은 ~이야."라고 하려면 "My ideal type is ~."라고 표현할 수 있습니다.

 이렇게 활용해 보세요

Although Sunny isn't my **ideal type**, she has a great personality.
써니는 내 이상형은 아니지만, 성격이 정말 좋아.

My **ideal type** is someone who doesn't take people around him for granted.
내 이상형은 주위 친한 사람들을 당연시 여기지 않는 사람이야.

Anna is my **ideal type** and we love each other. It's just that her parents don't approve of our relationship.
안나는 내 이상형이고 우린 서로 사랑해. 단지 그녀의 부모님이 우리를 인정하지 않으실 뿐이야.

⭐ Expressions

• **for granted** 당연시 하다   • **It's just that** 단지

나는 밤을 새웠어.

😐 I was awake all night.

😊⁺ **I was up all night.**

"나는 밤을 새웠어."는 영어로 어떻게 말할까요? "밤새 깨어 있었어."라는 말로 "I was awake all night."이라고 표현할 수 있죠. 이 표현도 맞지만, 'awake'보다 더 간단하고 자연스럽게 표현하려면 'up'을 사용하면 됩니다. "I was up all night."에서 'up'은 '깨어 있었다'라는 표현으로, 다양한 상황에서 사용할 수 있습니다.

✓ **이렇게 활용해 보세요**

I was up all night studying for my final exam.
나는 기말고사 공부하느라 밤을 새웠어.

You were **up all night** yesterday calling someone. Who was that?
어제 누군가랑 밤새도록 전화했던데. 누구였어?

I finally found something that I wouldn't mind being **up all night** doing, and that is making music.
드디어 밤을 새워도 상관없을 만큼 좋아하는 일을 찾았는데, 그건 음악을 만드는 거야.

Expressions

• final exam 기말고사 • mind 상관하다

오히려 좋아.

☺ That's better.

☺⁺ **Even better.**

요즘 특히 자주 사용하는 표현, "오히려 좋아."는 영어로 어떻게 표현할까요? "그게 더 좋아."라는 의미의 "That's better."도 틀린 표현은 아니지만, '오히려'를 강조할 수 있는 표현은 "Even better."입니다. 'even'은 많은 뜻을 갖고 있지만, 이 표현에서는 '이전 상황보다 좋다', 즉 '오히려 좋다'라는 뜻이 됩니다. 이 표현은 단독으로 사용해도 되고, 문장 속에 포함시켜 사용할 수도 있습니다.

 이렇게 활용해 보세요

Your final interview was rescheduled to next Friday? That's **even better**.
너 최종 면접이 다음 주 금요일로 변경됐다고? 오히려 잘됐네.

I interned at my dream company, and **even better**, received a full-time return offer.
내가 꿈꾸던 회사에서 인턴으로 근무했고, 더 좋은 건, 정규직 전환 제의도 받았어.

Can I just have a minute to think about it? Two minutes would be **even better**.
생각할 시간 1분만 줄 수 있어? 2분이면 더 좋고.

⭐ Expressions
• dream company 꿈의 회사 • full-time offer 정규직 제의

우리는 개그 코드가 맞아.

☺ We have the same gag chord.

☺⁺ **We have the same sense of humor.**

우리가 누군가와 잘 통한다고 느낄 때 개그 코드가 맞는지를 살피죠? 우리말로는 워낙 익숙한 표현이라서, 갑자기 영어로 표현하려면 어렵습니다. 'gag chord'라고 말하기 쉽지만 이 표현은 틀린 표현으로, 이럴 땐 "We have the same sense of humor."라고 말할 수 있습니다. 'sense of humor'는 '개그 코드', 즉 '유머 감각'을 뜻합니다.

> ✓ 이렇게 활용해 보세요

Charlie and I **have the same sense of humor**.
찰리와 나는 개그 코드가 정말 잘 맞아.

The only thing I look for in a partner is that he and I **have the same sense of humor**.
내가 배우자에게 바라는 것은, 나와 같은 유머 감각을 갖고 있는 거야.

To me, **having the same sense of humor** is the most important aspect in building relationships.
나한테는 서로 개그 코드가 맞는 게 관계를 형성하는 데 있어서 가장 중요한 부분이야.

★ Expressions

• aspect 측면 • build relationships 관계를 쌓다

나를 설득해 봐.

😐 Convince me.

😊⁺ **Change my mind.**

상대방과 대화를 할 때 "나를 설득해 봐."는 영어로 어떻게 표현할까요? '설득하다' 라는 단어는 'persuade' 혹은 'convince'이므로, "Convince me."라고 해도 말은 됩니다. 하지만 "네 말에 따라서 내 결정을 바꿀게."의 뉘앙스를 나타내려면, "Change my mind."라고 하는 것이 더 자연스럽습니다. 문장 끝에 단독으로 사용하면, '날 쉽게 설득하지 못할 것이다'라는 의미를 내포합니다.

 이렇게 활용해 보세요

Try **changing my mind**. If you do, I'll go to the performance with you.
날 한 번 설득해 봐. 그럼 너랑 같이 공연 보러 갈게.

I tried **changing Ricky's mind** about adopting a dog, but he wouldn't budge.
반려견을 입양하려고 리키를 설득했지만, 꿈쩍도 하지 않더라.

You can't **change my mind** that mint chocolate is the best ice cream flavor in the world.
민트 초코가 최고의 아이스크림 맛이라는 것에 대한 내 생각은 바꿀 수 없을 거야.

⭐ Expressions

• adopt a dog 반려견을 입양하다　• budge 꼼짝하다, 의견을 바꾸다　• in the world 세상에서

정말 추천해.

☺ I really recommend it.

☺⁺ **I highly recommend it.**

무언가를 "정말 추천해."라고 할 때는 영어로 어떻게 말할까요? '정말'이라는 의미로 'really'를 써서 "I really recommend it."이라고 해도 틀린 것은 아닙니다. 하지만 조금 더 자연스러운 표현은 'really' 대신 'highly' 또는 'strongly'를 사용하는 겁니다.

I highly recommend you check out the new bakery near our campus.
우리 캠퍼스 근처에 새로 생긴 빵집에 가 보는 걸 강력하게 추천해.

Going on a 3-hour walk along Central Park was absolutely amazing. **I highly recommend it**.
센트럴 파크에서 3시간 동안 걷는 것은 너무 좋았어. 적극 추천해.

I strongly recommend that you hire a lawyer just in case anything happens to your business.
만약 네 사업에 무슨 일이 생길 경우를 대비해서 변호사를 선임하는 것을 적극 추천해.

★ Expressions
• **check out** 한번 가 보다 • **just in case** 혹시나, 만약의 상황을 대비하여

너 진심이야?

☺ Are you being honest?

☺⁺ **Are you serious?**

"너 진심이야?"라고 놀라서 묻는 표현은 영어로 어떻게 말할까요? "Are you being honest?"가 연상될 수 있습니다. 하지만 이 표현은 "거짓말 하는 거 아니지?"의 뉘앙스가 되어, 추궁하는 듯한 뉘앙스가 됩니다. "정말? 진심이야?"처럼 믿지 못할 이야기에 놀람을 표현할 때는 "Are you serious?"가 적합합니다.

 이렇게 활용해 보세요

You're telling me that he got fired for no reason. **Are you serious**?
그가 아무 이유 없이 해고됐다는 거네. 진짜야?

Are you serious? There is no way our professor would ever extend the deadline for this assignment.
진심이야? 우리 교수님이 이 과제의 마감을 연장해 줄 리가 없어.

Are you serious right now? You would be stupid to sell your stocks in this market.
너 지금 진심이야? 지금 시점에서 주식을 파는 것은 어리석은 짓이야.

 Plus 표현

Are you for real? "Are you serious?"와 같은 뜻입니다. "For real?"이라고 줄여서 사용하기도 합니다. 이 표현은 일상생활에서 좀 더 자유롭게, 구어체로 쓰입니다.

★ Expressions

• **for no reason** 아무 이유 없이　• **extend** 연장하다

정말 하나도 모르겠어.

 I don't know.

 I have no idea.

우리가 어떤 일이나 분야에 대해 잘 모를 때 보통 "I don't know."라고 하죠. 하지만 정말 갈피도 못 잡을 정도로 감이 안 올 때는 "I have no idea."라고 표현할 수 있습니다. 'no idea'는 '정말 아무 생각도 떠오르지 않는다'라는 뜻으로, 어떤 분야에 대한 지식이 아예 없다는 것을 강조하는 말입니다.

✓ 이렇게 활용해 보세요

I have no idea what you're talking about.
난 네가 뭐라고 하는지 당최 모르겠어.

I have no idea why Sophie suddenly decided to drop out of high school.
나는 왜 갑자기 소피가 고등학교를 자퇴했는지 모르겠어.

You **have no idea** how difficult this exam was. The class average was barely above 50%.
넌 이 시험이 얼마나 어려웠는지 모를 거야. 우리 반 평균 점수가 50%를 겨우 넘었어.

 Expressions

• average 평균 • be barely above 겨우 넘다

그의 가족은 돈이 많아.

😐 His family is rich.

😊⁺ **His family is loaded.**

누군가가 '돈이 굉장히 많다' 혹은 '집안에 돈이 많다'라는 표현을 할 때는 영어로 어떻게 말할까요? '돈이 많은', '부자인'이라는 표현은 'rich'라는 단어를 이용할 수 있죠. 틀린 표현은 아니지만, '가족이나 집안에 돈이 많다'라고 할 때는 'loaded'를 많이 사용합니다. 그래서 "His family is loaded."라고 할 수 있습니다.

✓ 이렇게 활용해 보세요

I heard **Hannah's family is loaded.** Apparently her parents are real estate moguls.
한나 집안에 돈이 굉장히 많다고 들었어. 부모님이 부동산 재벌이시래.

My family is loaded. I've never kept track of my budget or spending for the past 20 years.
우리 집안에는 돈이 많아. 지난 20년 동안 한 번도 예산이나 지출을 기록해 본 적이 없어.

Everybody knows that **Luke's family is loaded.**
루크의 가족이 돈이 많다는 건 모두가 알고 있어.

 Expressions

• **apparently** 보아하니   • **real estate mogul** 부동산 거물   • **keep track** 추적하다, 기록하다

우리는 같은 처지야.

🙂 We're in the same situation.

😊⁺ **We're in the same boat.**

"우리는 같은 처지야."는 영어로 어떻게 표현할까요? '너와 나와 상황이 같다'라는 표현으로 'same situation'을 쓸 수 있죠. 그런데 우리말에도 '같은 배에 탔다'라는 표현이 있듯이, 영어에도 같은 표현이 있습니다. "We're in the same boat."라는 표현이 바로 "우린 같은 상황을 겪고 있어."라는 의미를 표현합니다.

 이렇게 활용해 보세요

We're all **in the same boat**. Therefore, we need to work together to get through this situation.
우리는 모두 같은 처지에 있어. 그러므로 우리는 이 상황을 극복하기 위해 협력해야 해.

The stock market is probably heading toward a recession and retail investors **are in the same boat**.
주식 시장은 아마도 불황으로 치닫고 있고, 일반 투자자들은 같은 처지에 있다.

You and I **are in the same boat**. Your hardship is mine, and vice versa.
너와 나는 같은 처지에 있어. 네 고통은 곧 나의 것이고, 그 반대도 마찬가지야.

⭐ Expressions

• **get through** 이겨내다 • **recession** 불황 • **hardship** 어려움 • **vice versa** 반대로도 같다

그녀를 우연히 마주쳤어.

☺ I suddenly met her.

☺⁺ **I bumped into her.**

살면서 누군가를 우연히 마주칠 일이 꽤 많죠. 이런 상황을 영어로 표현할 때 "I suddenly met her."라고 말할 수 있습니다. 하지만 'suddenly'는 '갑자기'라는 뜻이기는 하지만, 우연함을 강조하지는 못합니다. 우연함의 뉘앙스를 살려서 표현하려면 "I bumped into her."라고 하면 됩니다. 'bump into'라고 하면 '우연히 마주치다'라는 뜻입니다.

✓ 이렇게 활용해 보세요

I was never expecting to **bump into** my ex-wife at the hospital.
나는 병원에서 전처와 마주치리라고는 상상도 못 했어.

What are the chances that I would **bump into** one of my subscribers in Korea?
내 구독자와 한국에서 우연히 마주칠 확률이 얼마나 될까?

I can't believe I **bumped into** my university professor at my best friend's wedding.
내 절친의 결혼식에서 대학 교수님을 우연히 마주쳤다는 게 믿기지 않아.

 Expressions

• **never expect** 절대 예상하지 못했다 • **subscriber** 구독자

너에게 잠깐 할 말이 있어.

☹ I need to say something to you.

☺⁺ **I need a word with you.**

"너에게 할 말이 있어."는 영어로 어떻게 말할까요? 직역해서 표현하면 "I need to say something to you."가 됩니다. 당연히 괜찮은 표현이지만, 일상에서 친구에게 "잠깐 할 말이 있어."라고 표현하기엔 조금 어색한 문장입니다. 이런 상황에서는 "I need a word with you."라고 하면 됩니다.

 이렇게 활용해 보세요

Hey, your manager is looking for you. She says she **needs a** quick **word with you.**
이봐, 네 매니저가 널 찾고 있어. 너랑 잠깐 할 말이 있대.

I need a word with the new associate we hired.
우리가 이번에 새로 뽑은 신입한테 할 말이 있어.

Andrew, **I need a word with you** about your last exam.
앤드루, 네 최근 시험에 대해 잠깐 할 말이 있어.

★ Expressions
• look for 찾다 • associate 동료

95

걔 손절해.

🙂 Don't be his friend.

😊⁺ **Cut him off.**

"손절해."는 영어로 어떻게 말할까요? '손절하다'라는 표현은 곧 '친구 사이를 끝내다'라는 뜻이므로, "Don't be his friend."라고 말할 수도 있습니다. 그런데 이것은 일차원적인 표현입니다. "걔 손절해."라고 말할 때는 "Cut him off."라고 말하면 됩니다. 누군가와의 연을 끊으라는 의미죠.

✓ 이렇게 활용해 보세요

Cut him off immediately. He's a bad influence on you.
걔 지금 당장 손절해. 네게 안 좋은 영향을 끼쳐.

In order for you to succeed, you must **cut off** useless relationships.
네가 성공하기 위해서는 쓸데없는 관계를 끊어야 해.

Cutting off friends can be difficult, but sometimes it's important to stay away from negative people.
친구를 손절하는 것은 어려울 수 있지만, 가끔 부정적인 사람들과 거리를 두는 것은 중요해.

★ Expressions

• bad influence 안 좋은 영향 • stay away 거리를 두다 • negative 부정적인

그럴 가치가 없어.

> 😐 It doesn't have value.
>
> 😊⁺ **It's not worth it.**

어떤 일에 대해 "그럴 만한 가치가 없어."라고 할 때, 영어로 어떻게 말할 수 있을까요? 우리가 '가치'라는 단어를 생각하면 'value'가 연상되죠. 우리말을 직역해서 "It doesn't have value."라고 얘기할 수는 있지만, 이 표현은 특정 물건의 가치를 일컫는 뉘앙스에 가깝습니다. 어떤 일에 대한 가치를 얘기할 때는 "It's not worth it."이 더 적합합니다.

 ✓ 이렇게 활용해 보세요

Forcing your kids to attend college **isn't worth** the effort. There are so many ways to earn money.
자녀에게 대학에 가라고 강요하는 것은 노력의 가치가 없어. 요즘은 돈을 벌 방법은 많아.

It's not worth buying a car so early if you don't even have a driver's license.
너 운전면허증도 없는데 그렇게 일찍 차를 살 필요는 없어.

Going out to parties everyday to make friends **isn't worth** the time and effort.
친구를 사귀기 위해 매일 파티에 가는 것은 시간과 노력 대비 가치가 없는 행동이야.

★ Expressions

• **force** 강요하다 • **go out** 놀러 나가다 • **driver's license** 운전면허증

곧 생각날 거야.

> ☺ I will remember soon.
>
> ☺⁺ **It will come to me.**

무슨 말을 하려고 했는지 까먹었을 때 자주 하는 말인 "곧 생각날 거야."는 영어로 어떻게 말할까요? 'remember'가 떠오르면서 "I will remember soon."이라고 우리말을 직역하게 될 수 있습니다. 하지만 이 표현은 굉장히 어색합니다. 대신 "It will come to me."라고 하면 됩니다. 'come to me'는 '생각나다', '아이디어가 오다'라는 의미가 됩니다.

 이렇게 활용해 보세요

The content for our next video suddenly **came to me** when I was driving back home.
운전해서 집에 돌아오는 길에 갑자기 다음 영상 콘텐츠에 대한 아이디어가 떠올랐어.

I lost my train of thought, but that's okay because I know **it will come to me**.
내가 하려던 말을 까먹었는데, 곧 생각날 거니까 괜찮아.

I swear I know your son's name. Hold on, **it will come to me**.
맹세코 네 아들 이름 기억해. 잠깐만 시간을 줘, 곧 생각날 거야.

★ Expressions

• lost one's train of thought 하려던 말을 까먹다   • I swear 맹세해

이유를 정확히 알 수 없다.

☹ I don't know the reason.

☺⁺ **I can't pinpoint the reason.**

어떤 상황이나 현상에 대한 "이유를 정확히 알 수 없다."라는 표현을 하고 싶을 때, 어떻게 말할 수 있을까요? '모른다'라는 표현 'I don't know'를 써서 "I don't know the reason."이라고 말할 수도 있습니다. 틀린 표현은 아니지만, "이유를 딱 집어 말할 수 없다.", "정확하게 이유를 모르겠다."라는 뉘앙스를 표현하려면 "I can't pinpoint the reason."이라고 하면 됩니다. 'pinpoint'는 핀으로 찍듯이 '딱 집어 내다'라는 의미입니다.

✓ 이렇게 활용해 보세요

I can't pinpoint the reason why she didn't accept Jack's marriage proposal.
나는 그녀가 왜 잭의 청혼을 받아 주지 않았는지 도저히 모르겠어.

The teacher **couldn't pinpoint the reason** why her students' grades declined.
그 선생님은 반 학생들의 성적이 떨어진 이유를 정확히 알 수 없었다.

The detective **couldn't pinpoint the reason** why the con artist turned himself in.
그 탐정은 사기꾼이 왜 자수를 했는지 이유를 정확히 알 수 없었다.

★ Expressions

• detective 탐정　• con artist 사기꾼　• turn oneself in 자수를 하다

나 신경 쓰지 마.

☹ Don't worry about me.

☺⁺ **Don't mind me.**

친구들에게 "나 신경 쓰지 마."라고 하려면 영어로 어떻게 말할까요? "내 걱정은 하지 마."라는 뉘앙스로 "Don't worry about me."라고 말해도 되지만, 이보다 더 자연스러운 표현이 있습니다. '신경 쓰다'라는 표현 'mind'를 사용해서 "Don't mind me."라고 할 수 있습니다.

✓ 이렇게 활용해 보세요

Don't mind me, I'm just quietly studying for my exam tomorrow. I'll leave if I'm bothering you guys.
나 신경 쓰지 마. 그냥 조용히 내일 시험 공부하는 중이야. 방해된다면 바로 나갈게.

I'm so sorry if I interrupted your rehearsal. **Don't mind me.** I'm just here to get my bag.
너희 리허설을 방해했다면 정말 미안해. 나 신경 쓰지 마. 난 그냥 가방 가지러 온 거니까.

Don't mind me, I'm just about to leave. Pretend I'm not here.
나는 신경 쓰지 마. 막 떠나려던 참이야. 내가 없는 듯이 행동해.

⭐ Expressions

• interrupt 방해하다 • be about to ~ ~하려던 참이다 • pretend ~인 척하다

나랑 상의해.

☺ Discuss it with me.

☺⁺ **Run it by me.**

살면서 혼자 알아서 하기 어려운 순간들이 생기며, 누군가와 상의해야 하는 순간들이 옵니다. 그럼 어떤 일을 하기 전에 "나랑 상의해."는 영어로 어떻게 말할까요? '논의하다'라는 단어 'discuss'를 써서 "Discuss it with me."라고 생각할 수 있습니다. 하지만 이 표현보다 더욱 자연스러운 표현은 "Run it by me."입니다. 어떤 상황이나 일을 "나에게 간단하게라도 상의해."라는 뜻입니다.

✓ 이렇게 활용해 보세요

Make sure to **run** your personal statement **by me** before you submit your college application.
네 대학 지원서를 넣기 전에 네 자기 소개서는 내가 한번 훑어볼 수 있도록 해.

Run your script **by me** before you present at tomorrow's board meeting.
내일 이사회에서 발표할 때 사용할 대본을 내가 검토하도록 해 줘.

I would like to **run** my idea **by you** before I pitch it to investors next week.
다음 주 투자자들에게 발표하기 전에 내 아이디어를 너랑 상의해 보고 싶어.

★ Expressions

• pitch it to investors 투자자들에게 투자 유치 발표를 하다

더 필요한 거 없어.

> ☺ I don't need anything else.
> ☺⁺ **I'm good.**

"나 더 이상 필요한 거 없어." 혹은 "이젠 충분해."는 영어로 어떻게 표현할까요? 직역해서 "I don't need anything else."라고 생각할 수 있지만, 이 표현은 미팅이나 일상생활에서 사용하기에 부자연스럽습니다. 대신 더 간단하게 "I'm good."이라고 표현하면 됩니다. "이제 됐어." 또는 "만족해."라는 뉘앙스를 갖고 있습니다.

 이렇게 활용해 보세요

I'm good. Thank you for the offer, but I don't think I can take bribes.
괜찮아요. 제안은 감사하지만, 뇌물은 받을 수 없을 것 같아요.

I'm good. I think I asked all the questions I had in mind.
이만하면 됐습니다. 제가 갖고 있었던 질문들은 다 여쭤본 것 같습니다.

I'm good, thank you but I'll skip dinner. I've already had enough food at the party.
괜찮아요, 감사하지만 저녁은 사양할게요. 파티에서 이미 충분히 먹고 왔어요.

★ Expressions

• bribe 뇌물 • skip 거르다, 빼먹다

뒤돌아보면, 좋은 경험이었어.

☺ Thinking back, it was a good experience.

☺✦ **In hindsight, it was a good experience.**

전에 있었던 일을 회상하며 말하는 '뒤돌아보면,'이라는 표현은 영어로 어떻게 말할까요? 이 표현을 직역해서 'thinking back'이라고 생각할 수 있는데, 틀린 표현은 아니지만 뉘앙스를 가장 자연스럽게 표현할 수 있는 말은 'in hindsight' 입니다. 'hindsight'는 특정 일이 '일어난 후의 깨달음'이라는 의미입니다.

✓ **이렇게 활용해 보세요**

In hindsight, that internship was one of the best professional experiences I've had so far.
이제 와서 생각해 보면, 그 인턴십은 내가 지금까지 경험한 최고의 직장 경험 중 하나이다.

In hindsight, we should have been more patient and given the client more time to accept the proposal.
지금 생각해 보면, 우리가 좀 더 인내심을 가지고 고객이 제안을 받아들일 시간을 더 줬어야 했어.

In hindsight, I should have accepted the offer sooner.
뒤돌아보면, 내가 그 제안을 더 빨리 받아들여야 했어.

⭐ Expressions

• so far 지금까지 • accept the offer 제의를 받아들이다

시간 가는 것을 잊었어.

😐 I forgot the time.

😊 **I lost track of time.**

"(어떤 일에 너무 몰두하느라) 시간 가는 것을 잊었어."는 영어로 어떻게 표현할까요? '시간을 잊었다'라는 표현을 직역해서 "I forgot the time."이라고 말할 수 있습니다. 하지만 이 표현은 '몇 시인지를 잊었다'라는 표현이 됩니다. '시간 가는 줄 몰랐다'라고 표현하려면 "I lost track of time."이라고 하는 게 적합합니다. 'lost track'은 '갈피를 못 잡다'라는 뉘앙스를 갖고 있습니다.

✓ 이렇게 활용해 보세요

I'm sorry for being late, I completely **lost track of time**.
늦어서 정말 미안해, 시간이 가는 걸 완전히 몰랐어.

Make sure you don't **lose track of time** during the presentation.
발표 중에 시간 개념 잃지 않도록 주의해.

It's easy to **lose track of time**, especially when you're doing something that you love.
특히 네가 좋아하는 일을 할 때 시간 개념을 잃기 쉬워.

 Expressions

• **completely** 완전히, 전적으로

누가 나를 이른 거야?

😐 Who talked about me?

😊⁺ **Who told on me?**

"누가 나를 고자질한 거야?"는 영어로 어떻게 표현할 수 있을까요? 흔히 누군가를 '고자질하다'라는 표현은 "누가 내 얘기를 했어?"라는 의미로 생각해서 "Who talked about me?"라고 생각할 수 있습니다. 하지만 '~를 고자질하다'에 좀 더 자연스러운 표현은 'tell on someone'입니다. '권위가 높은 사람에게 남의 행실에 대해 말하다'라는 의미입니다.

 이렇게 활용해 보세요

Please don't **tell on me**. My dad would be furious if he found out that I skipped school yesterday!
제발 이르지 마. 아빠가 어제 학교 빠진 걸 알면 굉장히 화를 내실 거야!

If you decide to **tell on me**, our friendship is over.
네가 날 고자질하면, 우리의 우정은 거기서 끝이야.

If you don't stop cheating on the exam, I'm gonna have to **tell on you**.
네가 시험에서 부정행위를 멈추지 않으면, 네 행위에 대해 이를 거야.

✓ Plus 표현

rat out '(누군가의 잘못을) 윗선에 이르다'라는 뜻입니다. 'tell on'보다 좀 더 슬랭에 가까운 표현으로, '잘못을 고발하다'라는 뉘앙스입니다.

⭐ Expressions

• furious 몹시 화가 난 • gonna have to 별수 없이 해야 할 것이다

이거 1+1이야.

☹ This is one plus one.

☺⁺ **This is buy one get one free.**

"이거 1+1이야."는 영어로 어떻게 말할까요? 이 표현을 직역하면 "This is one plus one."이라고 생각할 수 있겠죠. 하지만 이런 1+1과 같은 행사는 미국에선 'buy one get one free'라고 합니다. 생각해보면 'one plus one'이 더 직관적이고 간단한 표현일 수도 있는데요. 미국에서는 이런 프로모션을 줄여서 'BOGO(Buy One Get One free)'라고 하기도 합니다.

✓ 이렇게 활용해 보세요

Let's stock up on diet coke – they're doing a **buy one get one free** promotion.
우리 제로 콜라 쟁여 놓자, 1+1 행사야.

"Buy one get one free" is an effective marketing strategy for grocery stores to clear out inventory.
1+1 행사는 슈퍼마켓들이 재고를 빠르게 정리하고 유통하는 데 효과적인 마케팅 전략이다.

Because I'm trying to save money, I only buy groceries that have a **buy one get one free** deal.
나는 지금 저축을 하고 있기 때문에, 1+1 하는 것만 구매하고 있어.

★ Expressions

• **stock up** 쟁여 놓다, 쌓아 놓다   • **clear out inventory** 재고를 완판하다, 정리하다

오늘 저녁은 내가 살게.

☺ I'll pay for today's dinner.

☺⁺ **Today's dinner is on me.**

친구들과 저녁을 먹다가 "오늘 저녁은 내가 살게."라고 하려면 영어로 어떻게 말할까요? '내가 살게'라는 표현은 'I'll buy' 혹은 'I'll pay'라는 표현을 사용할 수 있죠. 하지만 다른 사람들의 몫까지 내가 대접하겠다는 의미로는 "It's on me."라고 표현합니다. 친구들과 밥을 먹거나 술을 마실 때 매우 자주 사용하는 표현입니다.

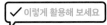 이렇게 활용해 보세요

You bought lunch, so **dessert is on me**.
네가 점심 식사를 샀으니, 디저트는 내가 살게.

Don't worry about spending any money on food while you're in New York. **It's all on me**.
네가 뉴욕에서 지내는 동안 먹는 거에 돈 쓸 걱정하지 마. 내가 다 낼게.

Drinks are on me. Don't worry about the prices and focus on having fun.
오늘 술은 내가 살게. 가격 걱정하지 말고 즐기는 데에 집중해.

 Plus 표현

I got it. "I got it."은 사용 범위가 굉장히 넓은 표현입니다. 어떤 물건이나 식사 결제를 앞둔 상황에서 "I got it." 하면 "내가 낼게."라는 표현이 됩니다.

 Expressions

• worry about ~ ~을 걱정하다

매년 열리는 행사야.

☺ This event happens every year.

☺⁺ **It's an annual event.**

살다 보면 우리가 참석해야 할 행사들이 참 많습니다. '매년 열리는 행사'와 같이
'매년'을 표현할 때는 영어로 어떻게 말해야 할까요? 직역하면 'every year'라고
표현할 수 있죠. 물론 틀린 표현은 아니지만, 이 표현을 한 단어로 줄일 수 있습니다.
'annual'이라는 단어를 사용하면 '매년의'라는 표현이 되므로, 뒤에 명사를 붙여서
'an annual event(매년 열리는 행사)'와 같이 표현할 수 있습니다.

 이렇게 활용해 보세요

We will discuss this matter during our company's **annual**
shareholder meeting.
이 안건에 대해서는 우리 회사 연례 주주 총회에서 논의하겠습니다.

I'm happy because my manager gave me extremely positive
feedback on my **annual** performance review.
우리 매니저가 연말 평가에 대해 매우 긍정적인 피드백을 줘서 너무 기뻐.

Analysts gave a positive stock forecast after analyzing the
company's **annual** earnings.
분석가들은 회사의 연간 실적을 분석한 후 긍정적인 주식 전망을 내놓았다.

 Expressions

• extremely 굉장히 • positive 긍정적인 • analyst 분석가 • stock forecast 주식 전망

그는 병적으로 깔끔해.

☺ He likes to be clean.

☺⁺ **He's a clean freak.**

친구 중에 정말 깔끔 떠는 친구 있죠? '병적으로 깔끔한 사람'은 영어로 어떻게 표현할까요? 이 표현을 순화해서 말하자면 "He likes to be clean.", 즉 "그는 청결을 유지하는 것을 좋아해."라고 말할 수도 있죠. 하지만 '병적으로 깔끔한 사람', '정말 깔끔한 성격'에 대한 표현은 'clean freak'이라는 표현을 자주 사용합니다.

 이렇게 활용해 보세요

If you had seen Eddie's house, you would probably know that **he's a clean freak**.
에디의 집에 가 봤으면 그가 병적으로 깨끗하다는 것을 알 거야.

Helena vacuums her place three times a day. **She's a real clean freak**.
헬레나는 집을 하루에 세 번씩 청소기로 밀어. 그녀는 정말 유별나게 깔끔해.

All my **friends are clean freaks** – they hate it when I touch their belongings.
내 모든 친구들은 병적으로 깔끔해서 내가 걔네 물건 만지는 것을 엄청 싫어해.

⭐ Expressions

• vaccuums 청소기로 청소하다 • belongings 소유물, 재산

얼마 안 걸릴 거야. / 잠깐이면 돼.

> ☺ Just a moment.
>
> ☺⁺ **It'll only take a second.**

"(특정 일이) 얼마 안 걸릴 거야."라고 하려면 영어로 어떻게 표현할까요? "잠깐이면 돼."라는 뜻으로 익숙한 표현으로 "Just a moment."라고 말할 수 있습니다. 하지만 이보다 일상생활에서 많이 쓰이는 자연스러운 표현은 "It will only take a second."입니다. 'It'는 특정 '일'이나 '상황'을 말하고, 'take a second'는 '몇 초밖에 안 걸린다', 즉 '잠깐이면 된다'라는 말이 됩니다.

✔ 이렇게 활용해 보세요

Can I have a word with you? **It'll only take a second.**
너랑 이야기를 나눌 수 있을까? 잠깐이면 돼.

Can you wait for me? **It'll only take a second.**
잠깐 기다려 줄 수 있어? 잠깐이면 돼.

Let me go over my essay real quick before submitting it. **It'll only take a second.**
내 에세이 제출하기 전에 빠르게 검토할게. 잠깐이면 돼.

⭐ Expressions

• **have a word** 잠깐 얘기하다 • **real quick** 매우 빨리, 신속하게

말도 안 돼!

☺ That doesn't make sense!

☺⁺ **You're kidding!**

우리 인생엔 말도 안 되는 일들이 참 많이 일어나죠. 대화를 하다가 놀랐을 때, "말도 안 돼!"는 영어로 어떻게 표현할까요? 우리말 그대로 직역하여 표현하면 "That doesn't make sense(이해가 안 돼)!"가 됩니다. 하지만 이보다 훨씬 간단하고 강렬한 뉘앙스가 있습니다. "You're kidding!"이라고 말하면 됩니다. 상황에 따라 "말도 안 돼!", "지금 장난하는 거지!", "웃기지 마!" 등의 뉘앙스로 다양하게 쓰입니다.

✓ 이렇게 활용해 보세요

You're kidding! There is no way Max got accepted to Harvard.
말도 안 돼! 맥스가 하버드를 합격했을 리가 없어.

You're kidding! Did you really get that job offer from Apple?
장난치지 마! 네가 진짜 애플에 최종 합격한 거야?

You better not **be kidding** me when you say you sold your company for $15 million.
네 회사를 1,500만 달러에 팔았다고 하는 게 농담이 아니어야 할 거야.

★ Expressions

• no way 그럴 리 없다　• better not be ∼하지 않는 게 좋을 거다

그녀를 너무 몰아붙이지 마.

> 😕 Don't overwhelm her.
>
> 😊⁺ **Go easy on her.**

"그녀를 너무 몰아붙이지 마."라는 표현은 영어로 어떻게 말할 수 있을까요? '몰아붙이다'는 '제압하다'라는 느낌이 있기 때문에, "Don't overwhelm her."라고 생각할 수 있겠죠. 하지만 "몰아붙이지 마."는 곧 "살살 대해."라는 뉘앙스에 가까운 것을 고려하면, 'go easy'라는 표현을 사용하는 게 더 적합합니다. "Go easy on her."라는 표현은 "그녀에게 살살 좀 해."라는 의미가 됩니다.

✓ 이렇게 활용해 보세요

If you **don't go easy on him** during the Q&A, you might get fired. Warren's dad is the CEO.
Q&A 중에 그를 너무 몰아붙이면 너 해고될지도 몰라. 워렌의 아버지는 우리 회사 CEO야.

Our manager should have **gone easy on her**. Claire is just an intern on her first day!
매니저님이 그녀를 너무 몰아붙이지 않았어야 했어. 클레어는 오늘 시작한 인턴이잖아!

The students would be more motivated to improve if the teacher **went easier on them**.
선생님이 학생들에게 좀 더 관대하게 대해 준다면, 학생들도 공부하는 데 동기 부여를 받을 거야.

 Expressions

• Q&A 질의응답 • more motivated 동기 부여를 받다

전혀 예상치 못했어.

☹ I didn't expect that.

☺⁺ **I didn't see that coming.**

살면서 예상치 못한 일들이 많이 일어납니다. 어떤 일을 "전혀 예상치 못했어."라고 표현하려면 어떻게 말할 수 있을까요? '예상하다'는 'expect'라는 단어를 사용할 수 있으며, 직역해서 표현을 하면 "I didn't expect that."이라고 생각할 수 있죠. 하지만 이보다 생동적이고 자연스러운 표현은 "I didn't see that coming." 입니다. 'see that coming'은 '다가오는 것을 예상하다'라는 표현으로, 예상치 못한 일을 마주쳤을 때 사용할 수 있습니다.

 이렇게 활용해 보세요

Did our professor really get fired for sexual harassment? Wow, I really **didn't see that coming**.
우리 교수님이 정말 성희롱으로 잘리신 거야? 와, 전혀 예상치 못했다.

What a beautiful pass! I bet the other team **didn't see that coming**.
정말 아름다운 패스군요! 상대 팀이 전혀 예상 못한 플레이인 것 같네요.

The crypto market is crashing, and I'm sure **not a lot of people saw that coming**.
암호 화폐 시장이 붕괴되고 있고, 많은 사람들이 이 상황을 전혀 예상하지 못했을 거야.

⭐ Expressions
• I bet 장담컨대 • crash 붕괴하다

일생에 한 번 있을까 말까 한 기회야.

☺ It's a rare opportunity.

☺⁺ **It's a once-in-a-lifetime opportunity.**

인생에 중요한 기회가 왔을 땐 잡아야겠죠? 정말 중요한 기회가 왔을 때, "일생에 한 번 있을까 말까 한 기회야."는 영어로 어떻게 표현할 수 있을까요? '중요한 기회'를 '흔치 않은 기회'라고 해석을 해서 'rare opportunity'라고 표현할 수도 있지만, '일생일대의 기회'라는 것을 강조하기엔 조금 부족합니다. 이런 뜻을 강조할 수 있는 표현은 'once-in-a-lifetime opportunity', 즉 '일생에 한 번뿐인 기회'라고 표현할 수 있습니다.

 이렇게 활용해 보세요

You better accept this job offer. It may be a **once-in-a-lifetime opportunity**.

이 일자리 제안을 받는 게 좋을 거야. 이건 일생에 한 번 있을까 말까 한 기회일지도 몰라.

I can't shake off the feeling that this might be a **once-in-a-lifetime opportunity** for me.

이것에 나에게 일생에 한 번뿐인 기회일지도 모른다는 느낌을 떨쳐 낼 수가 없어.

Diving into the NFT space in the early stages could be a **once-in-a-lifetime opportunity**.

초기에 NFT 시장에 뛰어드는 것은 일생일대의 기회일 수도 있어.

⭐ Expressions

• you better ~하는 것이 좋을 거야 • shake off the feeling 느낌을 떨쳐 내다
• dive into 뛰어들다

말 좀 끊지 말아 줄래?

☺ Can you stop interrupting me?

☺⁺ **Can you stop cutting me off?**

너무하다 싶을 정도로 대화에 끼어드는 친구에게 "말 좀 끊지 말아 줄래?"라고 할 때, 영어로 어떻게 표현할까요? '말을 끊는다'는 곧 '방해하다'라는 뜻을 담고 있으니, '방해하지 마'라는 표현으로 'stop interrupting me'라고 생각할 수 있습니다. 하지만, '말을 끊지 마'라는 표현은 'stop cutting me off'라고 하는 것이 더욱 적합합니다. 'cut me off'는 말 그대로 '나를 끊는다'라는 뜻으로, '내 대화 혹은 말의 흐름을 방해한다'의 뉘앙스를 갖고 있습니다.

✓ 이렇게 활용해 보세요

I think Lisa is **cutting me off** on purpose.
난 리사가 일부러 내 말을 끊는 것 같아.

If you keep **cutting me off**, I won't tell you the full story.
너 계속 내 말을 끊으면, 더 이상 얘기 안 해 줄 거야.

Annie kept **cutting me off** as if she didn't want me to talk to her.
애니는 내가 그녀에게 말하는 것을 그만하기를 원하는 것처럼 내 말을 계속 끊었다.

★ Expressions

• on purpose 일부러　• as if 그런 것처럼

긴장하지 마.

> 😐 Don't be nervous.
>
> 😊 **Take a deep breath.**

"긴장하지 마."는 영어로 어떻게 표현할까요? 직역해서 "Don't be nervous."라고 해도 됩니다. 하지만 이렇게 직역해서 나오는 표현은 딱히 상대방에게 위로가 되는 표현이라고 하기는 어렵습니다. "Take a deep breath."라고 하면 "크게 심호흡해."라는 뜻으로, 긴장하지 않는 방법을 제시해 주면서 "긴장만 안 하면 잘할 수 있을 거야."라는 응원의 메시지도 같이 전달할 수 있습니다.

✓ 이렇게 활용해 보세요

Take a deep breath. Everything will work out.
긴장하지 마. 다 잘될 거야.

Just tell Hank to **take a deep breath** before going on stage.
행크한테 무대 오르기 전에 심호흡만 크게 하고 오르라고 해.

Stop thinking and **take a deep breath**.
생각을 멈추고, 크게 숨을 들이마셔.

✓ Plus 표현

Relax. "(너무 긴장하지 말고) 진정해."라는 표현입니다. 우리가 흔히 '릴렉스'를 일상에서 사용하듯이 자연스럽게 말할 수 있습니다.

⭐ Expressions
• work out (일이) 잘 풀리다 • stage 무대

그건 너답지 않아.

☺ That doesn't seem like you.

☺⁺ **That's not like you.**

가끔은 나답지 않은 행동을 할 때가 있죠. 반대로 누군가에게 "그건 너답지 않아."라고 하려면 영어로 어떻게 말할까요? '~답다'라는 표현을 막상 영어로 말하려면 마땅한 단어가 떠오르지 않죠. 이 표현을 직역해서 말하면 "That doesn't seem like you."가 되지만, 많이 어색한 표현입니다. 이보다 간결하고 임팩트 있는 표현은 "That's not like you."입니다. 특정 행동이나 태도가 '너답지 않다'라는 표현이 됩니다.

✓ 이렇게 활용해 보세요

Did Leo really take the bribe? **That's not like him**!
레오가 정말 뇌물을 받았어? 그건 그답지 않아!

I have no idea why George is so angry all of a sudden. **That's not like him**.
왜 조지가 갑자기 이렇게 화를 내는지 알 수가 없어. 그답지 않아.

Why do you keep cutting people off when they're talking? **That's not like you**.
왜 사람들이 말할 때 자꾸 말을 끊어? 그건 너답지 않아.

★ Expressions

• all of a sudden 갑자기   • cut people off 사람들의 말을 끊다

넌 할 수 있어.

😐 You can do it.

😊⁺ **You got this.**

누군가를 응원할 때 자주 쓰는, "넌 할 수 있어."는 영어로 어떻게 표현할까요? 직역해서 표현하면 "You can do it."이 되죠. 분명히 틀린 표현도 아니고 충분히 일상생활에서 자연스럽게 사용할 수 있지만, 좀 더 센스 있고 힘을 줄 수 있는 표현은 "You got this."입니다. 어떤 일이나 중요한 상황을 '이겨낼 수 있다', '할 수 있다고 믿는다'라는 뉘앙스가 있는 응원의 표현이 됩니다.

 이렇게 활용해 보세요

I already know you're going to win this math competition. **You got this**.
난 네가 이미 이 수학 대회에서 우승할 거 알아. 넌 할 수 있어.

Hold your head up high and tell your girlfriend that you can't see her anymore. **You got this**.
당당하게 가서 여자 친구한테 더 이상 못 만나겠다고 말해. 할 수 있어.

I know full-time recruiting will go well for you this time. **You got this**.
이번에 정규직 채용이 잘 될 거라고 믿어. 넌 할 수 있어.

⭐ **Expressions**

• already 이미 • hold one's head up high 당당하게 행동하다 • full-time 정규직의
• recruiting 구인활동, 채용 과정 • go well 잘 되어 가다

우리 결혼식을 취소했어.

☹ We canceled the wedding.

☺⁺ **We called off the wedding.**

살면서 피치 못하게 무언가를 취소해야 하는 상황이 생길 때가 있습니다. 어떤 일이나 이벤트를 '취소하다'라는 표현은 어떻게 말할까요? '취소하다'는 영어로 'cancel'이라고 하죠. 이 'cancel'이란 단어로 취소한다는 다양한 상황을 표현할 수 있지만, 예정되어 있던 이벤트나 경기를 취소한다는 표현을 할 때는 'call off' 라고 좀 더 센스 있게 말할 수 있습니다.

✓ 이렇게 활용해 보세요

We had to **call off** our trip to Spain because of COVID-19.
우리는 코로나 때문에 스페인 여행을 취소해야 했어.

I think we might have to **call off** today's class due to increased student absences.
학생들의 결석이 많아져서 오늘 수업은 취소해야 할 것 같습니다.

Whatever happens, I will never **call off** our weekly meetings.
무슨 일이 있든, 저는 우리 주간 회의를 취소하지 않을 겁니다.

⭐ Expressions

• due to ~ ~때문에 • absence 결석 • whatever happens 무슨 일이 있든 간에

UNIT 105

이거 이미 배운 내용이에요.

> ☺ We already learned it.
> ☺⁺ **We already covered it.**

수업에서 이미 배운 내용을 또 들으면 시간이 아깝겠죠? 선생님께 "이거 이미 배운 내용이에요."라고 말해야 할 때, 영어로는 어떻게 말할 수 있을까요? "우리 이미 배웠어요."를 쉽게 "We already learned it."이라고 말해도 틀린 것은 아니지만, 이 상황에 딱 맞게 사용할 수 있는 표현은 "We already covered it."입니다. 'cover'는 '덮다'라는 뜻으로, '진도를 이미 다 나갔다'라는 표현을 비유한 것으로 생각하면 됩니다.

 이렇게 활용해 보세요

I hope we learn something that we haven't **covered** before.
나는 우리가 전에 다루지 않았던 것을 배웠으면 좋겠어.

We **covered** this last time, so let's learn something new today.
이건 지난 시간에 다뤘으니, 오늘은 새로운 내용을 배워 보자.

Today's class was extremely boring because Professor Han had already **covered** the material last time.
오늘 수업은 한 교수님이 지난번에 이미 다루셨던 내용을 배워서 엄청 지루했어.

★ Expressions

• extremely 굉장히 • material (책의) 소재, 자료

내 개인 시간이 좀 필요해.

:-| I need some personal time.

:-)* **I need some me time.**

바쁘고 팍팍한 일상에서 "내 개인 시간이 필요해."라고 말하고 싶을 때, 영어로 어떻게 해야 할까요? '개인 시간'은 영어로 직역하면 'personal time'이라고 생각할 수 있습니다. 물론 의미는 전달되지만, '나 혼자만의 충전 시간'이라는 뉘앙스를 정확히 표현할 수 있는 것은 'me time'입니다. '나만의 시간이 좀 필요해'라는 표현을 하려면 "I need some me time."이라고 말하면 됩니다.

 ✓ 이렇게 활용해 보세요

Leave me alone. **I need some me time**.
날 좀 내버려 둬. 난 혼자만의 시간이 필요해.

I spent all day being around people today. **I need some me time**.
나는 오늘 종일 사람들한테 둘러싸여 있었어. 개인 시간이 좀 필요해.

I don't want to go to the party tomorrow. **I want some me time**.
내일 파티에 가기 싫어. 내 개인 시간을 좀 갖고 싶어.

⭐ Expressions

• leave someone alone 누군가를 혼자 두다 • be around people 사람들에게 둘러싸이다

넌 날 잘 알아.

😐 You understand me.

😊 **You get me.**

외롭게 혼자서 사는 세상은 너무나 어렵습니다. 누군가가 나에 대해 잘 안다는 생각이 들 때 사용할 수 있는 표현, "넌 (역시) 날 잘 알아."는 영어로 어떻게 표현할까요? 무언가를 '잘 이해한다'라는 표현은 영어로 'understand'라고 할 수 있습니다. 그래서 "You understand me."도 가능하지만, 원어민들은 더욱 간결하게 "You get me."라는 표현도 자주 사용합니다. 'get'은 '갖다'라는 의미도 되지만, 이 상황에서는 '이해한다'라는 의미로 사용되었습니다.

 ✓ 이렇게 활용해 보세요

Daniel is the only friend that truly **gets me.**
다니엘은 나를 유일하게 진정으로 잘 아는 친구야.

One of the many reasons that I love you is that you really **get me.**
내가 너를 사랑하는 여러 가지 이유 중 하나는 네가 나를 너무 잘 알기 때문이야.

It's crazy how Hailey just **gets me**, even when I don't explain my situation.
내가 내 상황을 설명하지 않아도 헤일리가 날 이렇게 잘 이해하는 건 말도 안 되는 일이야.

⭐ Expressions

• truly 정말로, 진정으로   • explain 설명하다

그는 자수성가했어.

😐 He succeeded by himself.

😊⁺ **He's self-made.**

자수성가해서 잘된 사람을 보면 대단하다고 느끼죠. "그는 자수성가했어."라는 표현은 영어로 어떻게 말할까요? 어떤 일을 '혼자서' 해냈다는 표현으로 'by himself'를 사용해서, "혼자서 성공했다."를 직역하면 "He succeeded by himself."라는 표현이 됩니다. 하지만 이 표현은 매우 어색합니다. '자수성가하다'라는 표현은 따로 있습니다. 'be self-made'인데, 직역하면 '혼자서 만들어졌다'라는 뜻으로, 상속 없이 혼자 성공했다는 것을 의미합니다.

 이렇게 활용해 보세요

Steven **is** a respected **self-made** millionaire.
스티븐은 존경 받는 자수성가한 백만장자이다.

It's hard to come by people who **are self-made** these days.
요즘에는 자수성가한 사람들을 만나기 쉽지 않다.

Flora became a **self-made** billionaire after selling her startup to Google.
플로라는 자신의 스타트업을 구글에 팔고 나서 자수성가한 억만장자가 되었다.

⭐ Expressions

• millionaire 백만장자 • come by 들르다, 마주치다

이거 내가 찜했어.

😐 This is mine.

😊⁺ **I call dibs.**

우리 모두 어렸을 때 어떤 물건을 찜해 본 경험이 있죠? 어떤 것을 '찜했다'라는 표현은 영어로 어떻게 할까요? 직역해서 "This is mine.", 즉 "이건 내 거야."라고 표현할 수도 있죠. 하지만 '찜했다'라는 표현은 따로 있습니다. "그거 내가 찜했어."는 "I call dibs (on that)."이라고 말하며, 여기서 'that'은 찜한 물건을 말하는 것입니다.

I call dibs on the last slice of pizza.
내가 저 피자 마지막 조각 찜했어.

Don't touch that. Max **called dibs on** that energy drink.
그거 만지지 마. 맥스가 그 에너지 음료 찜했어.

I call dibs on the bed. You can sleep on the sofa.
내가 침대 찜했어. 너는 소파에서 자.

⭐ Expressions
• last slice 마지막 조각

역시 너밖에 없어.

☺ All I have is you.

☺⁺ **You're the best.**

우리 인간관계 속에서 '아, 이 사람밖에 없다'라고 느낄 때가 있죠. 친구, 가족, 혹은 애인에게 "역시 너밖에 없어."라는 말은 영어로 어떻게 표현할까요? "All I have is you."는 "내 인생에는 너만 있어."라는 의미입니다. 이 많은 사람들 중에 나를 알아 주는 것은 '너밖에 없어' 같은 칭찬의 뉘앙스와는 거리가 멀죠. 그럴 때는 "You're the best."라고 말하는 것이 더 적합합니다. "네가 최고야."라는 표현으로, 정말 고맙다는 뉘앙스도 담고 있습니다.

✓ 이렇게 활용해 보세요

Thank you for helping me move in. **You're the best**.
이사하는 것 도와줘서 고마워. 너밖에 없어.

Honestly, **you're the best**. I don't know how I would've come home without you.
정말 너밖에 없어. 네가 없었으면 집에 어떻게 돌아왔을지 모르겠어.

You're the best. I wouldn't have gotten into college without your help.
너밖에 없어. 네가 안 도와줬으면 나는 대학도 못 갔을 거야.

⭐ Expressions

• move in 이사하다 • without your help 네 도움 없이

그럴 의도는 아니었어.

☺ That wasn't my intention.

☺⁺ **I didn't mean to.**

살면서 의도치 않은 행동과 말을 할 때가 있죠. 그때 "그럴 의도는 아니었어."라는 사과의 표현은 영어로 어떻게 할까요? '의도'는 영어로 'intention'이므로, 이 단어를 이용하여 "That wasn't my intention."이라고 할 수 있고, 틀린 표현은 아닙니다. 하지만 좀 더 자연스럽게 표현하려면 "I didn't mean to."라고 하면 됩니다. 'mean'은 '뜻'이라는 의미가 있어서 "그런 뜻이 아니었어."라는 뉘앙스를 포함하고 있습니다.

 이렇게 활용해 보세요

I'm sorry. I really **didn't mean to** lie.
정말 미안해. 거짓말할 의도는 정말 아니었어.

I didn't mean to hurt your feelings. I just wanted to tell you the truth.
네 감정을 상하게 할 의도는 아니었어, 단지 사실을 말해 주고 싶었을 뿐이야.

I'm terribly sorry. **I didn't mean to** wake you up so early in the morning.
정말 미안해. 아침 일찍 깨우려고 한 건 아니야.

★ Expressions
• hurt one's feelings 마음을 상하게 하다 • terribly sorry 정말 미안한

그녀는 주어진 일 이상을 해.

> :) She does more.
> :)+ **She goes above and beyond.**

주위에 보면 맡은 일 그 이상을 하는 사람들이 있죠? 이런 일 잘하고 야심이 있는 사람들에게 '주어진 일 이상을 한다'라고 할 때, 영어로 어떻게 말할까요? 바로 떠오르는 말은 "She does more.", 즉 "그녀는 더 해."가 있겠죠. 하지만 아주 어색하고 뜻이 잘 통하지도 않습니다. 이럴 때는 'go above and beyond'로 표현할 수 있습니다. 'above and beyond'는 '~ 그 이상'을 의미하여, 정해진 범위를 벗어나서 일하는 것을 묘사합니다.

 이렇게 활용해 보세요

Haylie always **goes above and beyond** in her school assignments.
헤일리는 항상 학교 과제를 기대 이상으로 한다.

Jimin is known for **going above and beyond** in everything she puts her mind to.
지민이는 그녀가 마음먹고 하는 일에는 항상 그 이상을 한다고 알려져 있다.

Peter **went above and beyond** to turn in the project on time.
피터는 프로젝트를 시간 내에 끝내기 위해 그에게 주어진 일 이상을 했다.

★ Expressions
• be known for ~ ~로 알려져 있다 • put one's mind to 마음을 먹다 • turn in 제출하다

그는 권위에 맞섰다.

😐 He rebelled against the authority.

😊⁺ **He stood up to the authority.**

'권위에 맞서다' 혹은 '주장을 꺾지 않는다'는 영어로 어떻게 표현할까요? 보통 '윗선에 맞서다'라는 표현은 'rebel'이라는 단어를 사용하기 쉽습니다. 하지만 이보다 더 자연스러운 표현은 'stand up to'입니다. 'stand up'은 쓰임새가 다양한데, 뒤에 'to'를 붙이면 '어떤 것에 당당하게 맞서다'라는 뜻을 갖고 있습니다.

✓ 이렇게 활용해 보세요

She **stood up to** the authority for the right reasons.
그녀는 정당한 이유로 권위에 맞섰다.

I've never **stood up to** someone in authority.
난 살면서 권위에 맞선 적이 없어.

I think it's important to **stand up** for yourself when nobody is cheering you on.
너를 응원하는 사람이 없을 땐 너 스스로 자신을 응원하는 것이 중요하다고 생각해.

✓ Plus 표현

hold my ground 직역하면 '내 위치를 유지하다'로, '내 생각과 주장을 바꾸지 않는다' 혹은 '(남의 주장이나 말에) 휩쓸리지 않는다'라는 표현입니다.

 Expressions

• authority 권위, 권력   • cheer on ~ ~를 응원하다

일단 내 말을 좀 들어 봐.

😐 Listen to me.

😊 **Hear me out.**

누군가가 내 말을 무시하려고 들 때, 어떻게든 얘기를 듣게 하기 위해서 "일단 내 말을 좀 들어 봐."라고 설득해야 할 때가 있습니다. 이 표현은 영어로 단순히 "Listen to me."라고 해도 되겠지만, "일단 좀 들어봐."의 '일단'의 뉘앙스는 강조하지 못합니다. 이때는 영어로 "Hear me out."이라고 표현합니다. 누가 들었을 때 당황하거나 반감을 살 수 있는 얘기를 하기 전에 "일단 한번 들어 봐."라고 할 때도 사용할 수 있습니다.

 이렇게 활용해 보세요

I know we're not on good terms but **hear me out**.
우리 사이가 좋지는 않지만, 일단 내 말 들어 봐.

You might think Ted isn't the smartest but **hear him out**.
넌 테드가 그렇게 똑똑하다고 생각하진 않겠지만, 일단 그의 말을 들어 봐.

Hear me out, my idea isn't as ridiculous as you might think.
일단 내 말을 들어 봐, 내 아이디어는 네가 생각하는 것만큼 터무니없진 않아.

★ Expressions

• be on good terms 좋은 사이이다 • ridiculous 말도 안 되는, 터무니없는

너 하고 싶은 대로 해.

☹ Do whatever you want to do.

☺⁺ **You do you.**

아무리 설득을 해도 자기가 하고 싶은 대로만 하는 친구들이 있죠. 그런 친구에게 "너 하고 싶은 대로 해."라고 말할 때, 영어로 어떻게 표현할까요? 직역해서 말을 하면 "Do whatever you want to do."가 됩니다. 하지만 훨씬 직관적이고 간단한 표현으로 "You do you."가 있습니다. "넌 너대로 해."라는 말이죠. 자기 마음대로만 하려는 친구에게도 쓸 수 있고, 자꾸 남의 말에 끌려다니는 친구에게 조언으로도 해 줄 수 있는 말입니다.

✓ 이렇게 활용해 보세요

Don't listen to them. **You do you.**
쟤들 말 듣지 마. 넌 너대로 해.

You do you. When's the last time you followed anyone's advice?
네가 하고 싶은 대로 해. 네가 누군가의 충고를 따른 적이 있긴 하냐?

You do you, I'll do me.
넌 너대로 해, 난 나대로 할게.

 Expressions

• follow someone's advice 누군가의 충고를 따르다

어림도 없어. / 그렇게 될 리가 없어.

☹ It's not possible.

☺⁺ **There is no chance.**

살면서 아무리 노력해도 바꾸기 힘든 일들이 많죠. 이럴 때 "어림도 없어."라고 하려면 영어로 어떻게 표현할까요? '불가능하다'라는 뜻을 갖고 있는 이 표현은 "It's not possible."이라고 말하기 쉽습니다. 하지만 '어림도 없다'라는 뉘앙스를 살리기에 부족한 표현입니다. 좀 더 센스 있게 말하자면, "There is no chance."라고 할 수 있습니다. 'chance'는 '가능성', '기회'라는 뜻이므로, "일말의 가능성도 없다."라는 말이 됩니다. 줄여서 "No chance."라고 말할 수도 있습니다.

  이렇게 활용해 보세요

There's no chance you will do well on the exam if you don't study at all.
너 그렇게 공부 안 하면 시험을 잘 볼 수가 없어.

No matter how much you beg, **there is no chance** I will ever lend you money again
네가 아무리 부탁해도, 나는 다시는 너에게 돈을 빌려주지 않을 거야.

There is no chance my parents will ever let me stay out past 8 PM.
우리 부모님은 내가 저녁 8시 넘어서까지 밖에서 놀게 허락하실 리가 없어.

 Expressions

• **no matter how** ~ 아무리 ~하더라도 • **stay out** 밖에서 놀다

UNIT 117

걔 내 문자를 계속 읽씹하고 있어.

> ☹ He's ignoring my texts.
> ☺⁺ **He's leaving me on read.**

문자를 할 때 바로 회신하는 경우도 있고, 때에 따라서 읽고 무시하는(씹는) 경우도 있습니다. 누군가가 내 문자를 '읽고 무시하고 있다'는 어떻게 표현할까요? '무시하다'라는 뜻을 생각해서, "He's ignoring my texts."를 떠올릴 수 있죠. 하지만 '읽씹하다'라는 표현은 영어로 'leave someone on read'입니다. 'on read'는 표현은 '읽은 채로'라는 뜻이고, 'leave'는 말 그대로 '떠나다'라는 뜻입니다. '읽은 상태에서 떠나버렸다'라는 말입니다.

 이렇게 활용해 보세요

I can't believe he **left me on read**.
난 그가 날 읽씹했다는 게 믿겨지지 않아.

When I don't know how to reply to someone's text, I just **leave them on read**.
나는 누군가의 문자에 어떻게 답을 해야 할지 모르면 그냥 읽씹해 버린다.

It's so hard to start another conversation when someone **leaves you on read**.
누군가가 나를 읽씹하면 대화를 다시 시작하기 어렵다.

⭐ Expressions

• can't believe 믿기지 않는다

132

다시 한번 검토해 보자.

☹ Let's look at it again.

☺⁺ **Let's go over it.**

중요한 문서나 서류는 마지막에 다시 검토하고 제출해야겠죠? 이런 상황에서 '다시
한번 검토하다'는 영어로 어떻게 표현할까요? '다시 한번 보다'라는 표현을 영어로
직역하면 'look at it again' 혹은 'review it again'이라고 표현할 수 있죠. 물론
틀리지는 않았지만, '한 번 더 검토하다'라는 말은 'go over it'이 더 적합합니다.

> I need you to **go over** the application with me before submitting it.
> 원서 접수하기 전에 나랑 같이 검토하도록 해.
>
> Make sure you **go over** all your notes before teaching the class.
> 수업을 가르치기 전에 네가 작성한 노트를 꼭 복습하고 가도록 해.
>
> Let's **go over** the slide deck together just in case you missed
> anything.
> 혹시나 놓친 게 있는지 확인차 발표 자료를 같이 검토해 보자.

⭐ Expressions

• **slide deck** 프레젠테이션 슬라이드 • **just in case** 만약을 대비해서

우리 드디어 오해를 풀었어.

☺ We finally understand each other.

☺⁺ **We finally cleared the air.**

항상 원만한 인간관계를 유지하면 좋지만, 아무리 친한 친구 사이에도 가끔 오해가 쌓일 때가 있죠. 이럴 때 사용하는 '오해를 풀다'는 영어로 어떻게 말할까요? "We finally understood each other.", 즉 "드디어 서로를 이해했어."라고 말할 수도 있죠. 하지만 '오해를 풀다'라는 정확한 의미를 전달하기에는 부족합니다. 이 표현은 영어로 'clear the air'라고 할 수 있습니다. 관계 사이에 '오해로 오염된 공기를 정화시키다'라는 비유를 한 것이라고 생각하면 됩니다.

 ✓ 이렇게 활용해 보세요

My professor wanted me to **clear the air** about my recent late submissions.
교수님은 최근 내 밀린 과제들에 대해 오해를 풀기를 원하셨다.

Can we have a minute? I really want to **clear the air** between us.
우리 잠깐 얘기할 수 있을까? 우리 사이에 오해를 풀고 싶어.

I need to talk to my parents to **clear the air** about what happened during yesterday's family gathering.
어제 가족 모임에서 있었던 일에 대해 부모님께 말씀드리고 오해를 풀어야 해.

⭐ Expressions

• submission 제출 • have a minute 잠깐 대화를 하다

한번 잘 생각해 봐.

😐 Think about it.

😊 **Sleep on it.**

일상에서 우리의 삶은 결정의 연속입니다. 모든 결정을 쉽게 내리기만은 어렵기 때문에 시간을 가지고 "한번 잘 생각해 봐."라고 말할 때, 영어로 어떻게 표현할까요? 쉽게 생각하자면 "Think about it."이라고 말할 수 있습니다. 하지만 "지금 결정할 필요 없으니까 시간을 갖고 생각해 봐."는 "Sleep on it."으로 말하는 것이 더 자연스럽습니다. 직역하면 "그 위에서 자 봐."로, 지금 결정할 필요가 없으니 신중하게 생각하라는 표현입니다.

✔ 이렇게 활용해 보세요

You don't have to decide right now. **Sleep on it**, and let me know when you're ready.
지금 결정할 필요 없어. 잘 생각해 보고, 준비되면 알려 줘.

I recommend that you take your time and **sleep on it** before making your final decision.
최종 결정을 내리기 전에 시간을 갖고 한번 잘 생각해 보기를 추천해.

I would really appreciate it if you could give me some time to **sleep on it**. How does that sound?
내가 결정을 하기 전에 생각할 시간을 좀 줬으면 좋겠어. 어떻게 생각해?

⭐ Expressions

- **let someone know** 알려 주다 • **take one's time** 천천히 시간을 가지다
- **appreciate** 고마워하다, 감사하다

시간 참 빠르다.

☹ Time moves so fast.

☺ **Time flies.**

시간은 어떤 일을 하고 있느냐에 따라 속도가 다르게 느껴지는데요, 특히 즐거운 일을 할 때는 정말 빠르게 느껴집니다. 이럴 때 사용할 수 있는 표현, "시간 참 빠르다."는 영어로 어떻게 말할까요? 직역해서 "Time moves so fast."라고 하면 매우 어색합니다. 관용적으로 쓰이는 표현 "Time flies."를 써야 합니다. 직역하면 "시간이 날아간다."로, 날아가는 것처럼 굉장히 빠르게 흐른다는 뜻입니다.

 이렇게 활용해 보세요

Time flies when you're having fun.
즐거운 일을 하면 시간이 굉장히 빨리 가.

I can't believe it's already December. **Time flies.**
벌써 12월인 게 믿겨지지 않아. 시간 정말 빠르다.

Your daughter is going to college next year? Wow, **time** really **flies**.
네 딸이 내년에 벌써 대학을 간다고? 와, 시간 정말 빠르다.

★ Expressions

• have fun 즐겁게 지낸다, 즐거운 시간을 보내다 • can't believe 믿을 수 없다
• go to college 대학에 진학하다

우린 잘 안 맞아.

☹ We don't fit well.

☺ **We don't get along.**

모든 사람과 잘 지내면 얼마나 이상적일까요? 하지만 모든 사람과 평생 원만한 관계를 유지하기는 정말로 어렵습니다. 특히 나와 안 맞는 사람에 대해 얘기할 때, "우린 잘 안 맞아."는 영어로 어떻게 말할까요? '맞다'라는 'fit'을 떠올려서 "We don't fit well."을 생각할 수도 있지만, 이것은 완전히 틀린 표현입니다. 이때는 "We don't get along."이라고 할 수 있습니다. 'get along'은 '잘 지내다'라는 뜻이므로, "우리는 잘 못 지내."라는 말입니다.

> ✓ 이렇게 활용해 보세요

Jenny's biggest fear is that she won't **get along** with her co-workers at her new company.
제니의 가장 큰 두려움은 새 회사의 동료들과 잘 어울리지 못할 것이라는 것이다.

Amy and Julie don't **get along** after their huge fight.
에이미와 줄리는 크게 싸우고 난 뒤부터 사이가 좋지 않다.

I was worried that my brother and my boyfriend wouldn't **get along**, but thankfully that wasn't the case.
우리 오빠와 내 남자 친구의 사이가 좋지 않을까 봐 걱정했는데, 다행히도 그러지 않았어.

★ Expressions

• especially 특히 • the case 사실

반드시 복수할 거야.

☺ I will take revenge on him.

☺⁺ **I will get back at him.**

살면서 원한이 쌓인 관계가 있기 마련이죠. 물론 그냥 넘어갈 수도 있지만, 복수를 하고 싶은 마음도 가끔 생깁니다. 이럴 때 "반드시 복수할 거야."라는 표현은 영어로 어떻게 말할까요? '복수'를 떠올리면 먼저 생각나는 단어 'revenge'를 사용해서 "I will take revenge on him."이 떠오를 수 있습니다. 하지만 더 쉽고 자연스러운 표현은 "I will get back at him."입니다. 'get back at someone'은 '~에게 복수하다'라는 뜻입니다.

 이렇게 활용해 보세요

Don't worry, no matter what you do to me, I will never **get back at** you.
걱정 마, 네가 나한테 무슨 짓을 하든지, 나는 절대 복수하지 않을 거야.

Chelsea **got back at** Ben for cheating on her by going out with his best friend.
벤이 바람 피운 것에 대한 복수로 첼시는 그의 절친과 데이트를 했다.

Are you really not going to **get back at** Andy for humiliating you at work?
앤디가 회사에서 널 망신 준 것에 대해 정말로 복수 안 할 거야?

⭐ Expressions

• go out 데이트를 하다   • humiliate 창피를 주다

네 결혼식에 못 갈 것 같아.

☹ I can't go to your wedding.

☺⁺ **I can't make it to your wedding.**

살다 보면 많은 행사와 이벤트들이 있는데, 바쁜 일상 속에서 피치 못하게 불참하게 되는 경우가 있습니다. 그런 행사나 이벤트에 "못 갈 것 같아."는 영어로 어떻게 표현할까요? "네 결혼식에 못 갈 것 같아."라고 한다면, "I can't go to your wedding."이라고 말할 수도 있지만, 이 표현은 결혼식에 갈 능력이 안 된다거나 가면 안 되는 상황으로 오해 받을 수도 있습니다. 이보다 훨씬 더 자주 사용하고 자연스러운 표현은 "I can't make it to your wedding."입니다. 'make it'은 '성공하다' 혹은 '참석하다'라는 의미가 있습니다.

 이렇게 활용해 보세요

I really hope you can **make it** to my birthday party next week.
다음 주 내 생일 파티에 네가 꼭 올 수 있으면 좋겠어.

If you can't **make it** to tomorrow's meeting, just let me know. It's not a big deal.
내일 미팅에 참석 못 할 것 같으면, 그냥 나한테 말해 줘. 별일 아니야.

I'm glad we **made it** to the train station on time.
우리가 기차역에 제시간에 도착해서 다행이야.

★ Expressions

• a big deal 별일, 큰일   • on time 정각에

미술은 내 적성에 안 맞아.

☹ I don't like art.

☺⁺ **Art isn't my thing.**

적성에 맞는 일을 찾는 것만큼 기쁜 일도 없겠지만, 어떤 분야는 적성에 안 맞을 수도 있죠. 예를 들어 "미술은 내 적성에 안 맞아."라는 말은 영어로 어떻게 표현할까요? 직역해서 "미술을 싫어해."라는 뜻으로 "I don't like art."라고 말할 수도 있겠죠. 하지만 이 표현은 '적성'이라는 의미를 나타내기는 어렵습니다. 이런 경우에는 "Art isn't my thing."이라고 하면 됩니다. 'my thing'이라는 표현은 '내가 특히 좋아하거나 잘하는 일'이라는 뜻입니다.

 이렇게 활용해 보세요

Drawing has never **been my thing**. I can't even draw an apple.
그림 그리는 것은 내 적성에 안 맞아. 난 심지어 사과도 그릴 줄 모르는 걸.

I know how important being active is, but running really **isn't my thing**.
활동적인 생활이 중요하다는 것은 알지만, 달리기는 정말 내 적성에 안 맞아.

I doubt Yuna would be down to go to the rock festival with you. Loud music **isn't her thing**.
유나가 록 페스티벌에 너와 가고 싶어 할지 모르겠다. 시끄러운 음악은 유나 적성에 안 맞아.

★ Expressions

• active 활동적인　• doubt 의심스럽다　• be down ～찬성한다, ～좋다

난 수학을 잘하지 못해.

😐 I'm bad at math.

😊 **I'm not the best at math.**

모든 것을 다 잘하면 좋겠지만, 누구나 못하는 것이 있는 것은 당연합니다. "무언가를 잘하지 못해."는 영어로 어떻게 말할까요? "난 수학을 잘하지 못해."를 예로 들자면, "I'm bad at math."보다 "I'm not the best at math."가 더 자연스럽습니다. 얼핏 보면 차이가 없어 보이지만, "난 못해."와 "난 엄청나게 잘하지는 않아."는 뉘앙스 적으로 차이가 있으며, 후자가 자신을 덜 깎아내리면서 '잘하지 못함'을 나타낼 수 있습니다.

 이렇게 활용해 보세요

I want to become a physicist, but **I'm not the best at** math.
나는 물리학자가 되고 싶지만, 수학을 잘하지 못해.

Jennifer is good at spending money, but she**'s not the best at** investing it.
제니퍼는 돈을 쓰는 것은 잘하지만, 돈을 투자하는 것은 잘하지 못해.

Eddie loves drawing, but he **isn't the best at** it.
에디는 그림 그리는 것을 좋아하지만, 잘 그리지는 못한다.

⭐ Expressions

• physicist 물리학자

눈에 띄는 건 없었어.

> ☺ I didn't notice anything.
>
> ☺⁺ **Nothing really stood out.**

어떤 것을 검토하거나 조사할 때, '눈에 띄는 게 없다'라는 표현을 쓰죠. 이 표현은 영어로 어떻게 말할까요? "특이점을 찾지 못했어."라는 의미로 "I didn't notice anything."이라고 생각할 수 있지만, 조금 어색한 표현입니다. 좀 더 자연스러운 표현은 "Nothing stood out."입니다. 'stood out'은 'stand out'의 과거형으로, '눈에 띄다' 혹은 '튀다'라는 의미가 있습니다.

 이렇게 활용해 보세요

Nothing in particular about this article **stood out** to me.
내 눈엔 이 기사에서 딱히 특이한 점은 없었어.

What **stood out** to you the most from your research on this topic?
이 주제에 대해 연구하면서 가장 눈에 띈 게 뭐였어?

Eddie's passion **stood out** from the rest of the applicants.
에디의 열정이 다른 지원자들 사이에서 굉장히 눈에 띄었다.

✓ Plus 표현

Nothing caught my eye. "아무것도 내 눈에 들지 못했어.", "아무것도 내 눈을 사로잡지 못했어."라는 직역으로, 특정 상황이나 행동에 "눈에 띄는 건 없었다."라는 표현입니다.

 Expressions
• particular 특별한, 특수한 • the rest 나머지

이 계약서 뭔가 수상해.

☺ This contract is weird.

☺* **This contract smells fishy.**

어떤 것이 수상하게 느껴질 때, "뭔가 수상해."라는 표현은 영어로 어떻게 말할까요? 직역해서 표현하자면 "This is weird."라고 말할 수도 있습니다. 하지만 'weird'보다 '수상함'을 강조할 수 있는 표현은 "This smells fishy."입니다. 이 표현은 말 그대로 '생선에서 악취가 난다'라는 뜻으로, 수산 시장에서 생선 장수들이 오래된 생선을 판다고 의심할 때 사용했던 표현입니다. 'smell fishy', 'sound fishy', 혹은 그냥 'fishy'라고도 사용할 수 있습니다.

There's something **fishy** about this plan.
이 계획은 뭔가 수상해.

The detective smelled something **fishy** about her alibi.
탐정은 그녀의 알리바이에 수상함을 느꼈다.

This job offer letter seems **fishy** in every way.
이 취업 제안서는 모든 방면에서 수상해.

⭐ Expressions

• alibi 알리바이 • job offer letter 취업 제안서 • in every way 모든 방면에서

143

시간이 좀 걸릴 거야.

😐 This will take a long time.

😊⁺ **This will take a while.**

모든 일이 일사천리로 진행되면 참 좋겠지만, 하다 보면 오래 걸리는 일이 있기 마련이죠. 이럴 때 "시간이 좀 걸릴 거야."는 영어로 어떻게 표현할까요? 직역하면 "This will take a long time."이라고 말할 수 있죠. 틀린 것은 아니지만 'take a long time'보다 자연스러운 표현은 'take a while'입니다. 'a while'은 '얼마간'이라는 뜻으로, 시간이 오래 걸리는 다양한 상황에 사용할 수 있습니다.

 이렇게 활용해 보세요

Don't wait for me, just head home first. **This will take a while.**
나 기다리지 말고 먼저 집에 가. 시간이 좀 걸릴 거야.

I've never written a 50-page essay in my life. **This will take a while.**
나는 태어나서 50페이지짜리 에세이를 써 본 적이 없어. 시간이 좀 걸릴 거야.

My manager just gave me another assignment. **It will take a while** until I get off work.
매니저가 방금 나에게 다른 업무를 줬어. 퇴근하려면 시간이 좀 걸릴 거야.

⭐ Expressions

• head home 집으로 향하다 • get off work 퇴근하다

하는 김에 도와줄 수 있어?

☺ Can you help me while you're doing that?

☺⁺ **Can you help me while you're at it?**

누군가의 도움을 청할 때, 상대방이 너무 부담되지 않는 선에서 어떤 일을 '하는 김에' 도와 달라는 표현은 영어로 어떻게 말할까요? '네가 하는 김에', '네가 하는 동안에'는 'while you're doing that'으로 직역할 수 있지만, 더 센스 있고 원어민스러운 표현은 'while you're at it'입니다. 'at it'은 특정 일에 '착수하여'라는 뜻으로, 어떤 일을 하는 동안이라는 뉘앙스를 표현합니다.

✓ 이렇게 활용해 보세요

Lauryn, can you pick up my laundry **while you're at it**?
로린, 혹시 가는 김에 내 세탁물도 같이 가져와 줄 수 있어?

I would appreciate it if you could pick up my package **while you're at it**.
택배 가지러 가는 김에 내 것도 같이 가져와 주면 정말 고마울 것 같아.

Since it's hard for us to meet again in person, let's just finish this project while **we're at it**.
우리가 다시 직접 만나는 것은 어려우니, 지금 만난 김에 이 프로젝트를 끝내자.

 Expressions

• laundry 세탁물 • appreciate 감사하다 • package 택배 • in person 대면으로

난 음식에 일가견이 있어.

☺ I have an insight on food.

☺⁺ **I'm a foodie.**

미식가들은 음식 먹는 것을 좋아하기도 하겠지만, 음식에 대한 상식도 풍부하고 일가견이 있겠죠? "난 음식에 일가견이 있어." 혹은 "난 미식가야."라고 말할 때는 영어로 어떻게 표현할까요? '통찰력'이라는 뜻의 'insight'를 이용해서 표현할 수도 있지만, 특히 '맛있는 음식을 잘 아는 사람'을 한 단어로 'foodie'라고 합니다.

✓ 이렇게 활용해 보세요

All of my friends are **foodies,** so we know all the good restaurants in Seoul.
내 친구들은 모두 미식가라서, 서울에 있는 맛집들을 다 알고 있어.

The **foodie** in me wanted to try everything on the menu.
내 안에 있는 미식가는 메뉴에 있는 모든 음식을 먹고 싶었다.

Claire is a born **foodie.** She has all the best brunch places saved on her phone.
클레어는 타고난 미식가야. 그녀는 휴대폰에 제일 맛있는 브런치 가게들을 저장해 놨어.

⭐ Expressions

• born 타고난, 천부적인 • save 저장하다 • brunch places 브런치 음식점

UNIT 132

그게 전부가 아니야.

😐 That's not everything.

🙂⁺ **There's more.**

'말은 항상 끝까지 들어 봐야 안다'라는 말이 있듯이, 대화 중에 "그게 전부가 아니야."라고 말하는 일이 있죠. 이 표현은 영어로 어떻게 말할까요? 우리말 그대로 표현하면 "That's not everything."이라고 할 수 있죠. 하지만 이보다 간단하게, "There's more."이라고 하면서 "더 들어 봐."라고 말할 수 있습니다. 남은 이야기가 '더 있다'라는 표현입니다.

✓ 이렇게 활용해 보세요

There is more to life than merely making money.
인생에서는 단지 돈을 버는 것보다 중요한 것들이 있어.

Sit tight and listen. **There's more** to the story than you know.
가만히 들어 봐. 네가 아는 이야기가 전부는 아니야.

You'd think that's the end of the story, but **there's more**. It's actually only the beginning.
그게 이야기의 끝일 것 같지만, 더 있어. 사실 단지 시작에 불과해.

★ Expressions

• **merely** 단순히 • **sit tight** 가만히 있다 • **the end of the story** 이야기의 끝

UNIT
133

난 좋아. / 찬성이야.

😐 I agree.

😊⁺ **I'm down.**

어떤 것에 동의할 때 "좋아." 또는 "난 찬성이야."라고 하죠. 영어로는 어떻게 표현할까요? 가장 먼저 떠오를 수 있는 말은 "I agree."입니다. 맞는 표현이고 자연스럽기도 하지만, 원어민들이 일상생활에서 훨씬 더 자주 쓰는 표현은 "I'm down." 입니다. 특정 행동, 상황 등에 찬성한다는 의미이고, 단독 또는 문장의 일부분으로 모두 사용할 수 있습니다.

 이렇게 활용해 보세요

You know **I'm** always **down** for Chinese food.
중국 음식이면 내가 항상 찬성인 거 알잖아.

Are you **down** to go play basketball this weekend with a couple of friends?
이번 주말에 친구들이랑 농구하러 가는 거 어때?

Would you **be down** to drive for our trip this weekend? No one in our friend group has a driver's license.
우리 이번 주에 여행 갈 때 운전해 줄 수 있어? 우리 중에 운전면허증이 있는 사람이 한 명도 없어.

⭐ Expressions

• a couple of 몇 사람의   • friend group 친구들

148

더할 나위 없이 좋았어.

☺ That was really good.

☺⁺ **That couldn't be better.**

어떤 것이 "더할 나위 없이 좋았어."는 영어로 어떻게 표현할까요? 무언가가 너무 좋을 때 "That was really good."이라고 말할 수는 있지만, '더할 나위 없다'를 강조하기에는 많이 부족합니다. "That couldn't be better."이라고 해서 "그 이상으로 좋을 수는 없었다."라고 말할 수 있습니다. 'couldn't be+비교급'을 써서 다양한 표현을 할 수 있습니다.

 이렇게 활용해 보세요

I couldn't be better.
난 더할 나위 없이 잘 지내고 있어.

Our date last night **couldn't have been any better**.
어젯밤 우리의 데이트는 더할 나위 없이 좋았다.

Changing the lightbulbs **couldn't be easier** for Sebastian, who was a former NASA engineer.
전직 나사 기술자였던 세바스찬에겐 전구를 가는 것은 너무 쉬운 일이었다.

⭐ Expressions

• date 데이트　• lightbulb 전구　• former 예전의　• engineer 기술자

149

언제 쉬는 시간이 있어?

☺ When do you have some free time?
☺⁺ **When do you have some downtime?**

바쁜 일상에서도 쉬어 가는 시간이 필요합니다. '쉬는 시간'은 영어로 어떻게 말할까요? 보통 'free time'이라고 하는데, 일상생활이나 직장에서 더 가볍게 많이 사용되는 표현은 'downtime'입니다. '느긋한 자유 시간'을 뜻하며, '릴렉스하고 쉬는 여가 시간'을 의미합니다.

✓ 이렇게 활용해 보세요

I enjoy reading books in my **downtime**.
나는 여가 시간에 독서를 즐겨.

It's impossible to have **downtime** when you're raising kids.
아이를 키우면서 휴식 시간을 갖는 것은 불가능한 일이야.

I believe it's important to factor in some **downtime** in your daily schedule.
하루 일정을 짤 때, 쉬는 시간을 고려하는 것은 중요하다고 생각해.

✓ Plus 표현

time on one's hands '허비할 수 있는 시간'이란 의미로, '바쁜 일이 끝나고, 남는 한가한 시간'이라는 뉘앙스가 있습니다.

 Expressions

• **raise** (아이를) 키우다   • **factor in** ~ ~을 고려하다

행운을 빌어!

☺ Good luck!

☺⁺ **Break a leg!**

누군가를 응원해 줄 일이 종종 생기는데, 이럴 때 제일 간단하고 자주 사용하는 표현은 "Good luck!"입니다. 영어 표현을 우리말로 그대로 사용해서 "굿 럭이야!"라고 해도 이상하지 않을 정도로 익숙한 표현이죠. 여기서 한 단계 업그레이드된 표현은 "Break a leg!"입니다. 이 표현은 특히 예체능 관련이나 공연을 앞둔 동료에게 "잘해 봐!", "행운을 빌어!"라는 의미로 해 줄 수 있는 말입니다.

 이렇게 활용해 보세요

I hope you **break a leg** in your midterm exam tomorrow.
나는 네가 내일 중간고사를 잘 봤으면 좋겠어.

I heard you have your final round next week. **Break a leg**!
다음 주에 최종 면접 있다고 들었어. 행운을 빌어!

As Sophie stepped on the stage, her friends all started shouting
"Break a leg!"
소피가 무대에 오르기 시작하자, 그녀의 모든 친구들이 "파이팅!"이라고 외치기 시작했다.

 Expressions

• midterm exam 중간고사 • step on (무대 위로) 올라가다 • shout 외치다

녹슨 바이올린 실력을 갈고닦아야 해.

😕 I need to practice my violin.

😊⁺ **I need to brush up on my violin skills.**

오랫동안 갈고닦아 온 실력이나 능력이 영원하면 좋겠지만, 계속 노력하지 않으면 시간이 지나면서 퇴보하게 됩니다. 오랫동안 손을 놓아서 퇴보된 실력을 '다시 갈고닦다'는 영어로 어떻게 표현할까요? 예를 들어 "바이올린 실력을 다시 갈고닦아야 해."를 말하자면, "I need to practice my violin."보다 "I need to brush up on my violin skills."라고 말할 수 있습니다. 여기서 'brush up'은 표현은 이전에 잘했던 것을 다시 연습해서 실력을 '끌어올리다'라는 표현입니다.

 ✓ 이렇게 활용해 보세요

It's been a while since I've used Excel, so I spent the weekend **brushing up on** it.
엑셀을 사용한 지 꽤 오래돼서, 이번 주말에 실력을 다시 끌어올리려고 복습했어.

Being good with numbers is critical for this job, so make sure you **brush up on** your mental math.
이 일을 잘하려면 숫자와 친해야 하기 때문에, 기본적인 암산 연습을 하는 게 좋을 거야.

I have to perform at my uncle's wedding next week. I really need to **brush up on** my violin.
다음 주에 삼촌의 결혼식에서 연주를 해야 해. 다시 바이올린 연주 실력을 갈고닦아야 해.

⭐ Expressions

• **It's been a while** 꽤 오래 됐다　• **be good with ~** ~에 능통하다　• **critical** 중요한
• **mental math** 암산

흘러가는 대로 해.

> 😐 Go naturally.
>
> 😊＊ **Go with the flow.**

치밀하게 계획을 세우고 의도한 대로 결과를 얻으면 물론 좋겠지만, 세상이 항상 원하는 대로만 되지는 않죠. 이럴 땐 흘러가는 대로 하는 것이 최선의 방법일 수도 있습니다. 이 표현을 영어로 "Go naturally."라고 생각할 수도 있는데요. 보다 더욱 자연스럽게 표현하려면 "Go with the flow."라고 할 수 있습니다. 'with the flow'는 '흐름과 함께' 간다는 뜻으로, 통제하려 하지 않고 흘러가는 대로 둔다는 표현이 됩니다.

이렇게 활용해 보세요

Don't overthink, just **go with the flow**.
너무 깊게 생각하지 말고, 그냥 흘러가는 대로 해.

Sometimes the best decision is to simply **go with the flow**.
때론 가장 현명한 선택이 단순히 흘러가는 대로 가는 거야.

There's not much you can do in this situation but to just **go with the flow**.
이 상황에서 네가 할 수 있는 건 별로 없어, 그냥 흘러가는 대로 해.

⭐ Expressions

• overthink 과하게 생각하다 • simply 단순하게

너 화장을 너무 과하게 했어.

☹ You did too much makeup.

☺⁺ **You overdid it with the makeup.**

뭐든지 과한 것보다는 적당한 것이 좋습니다. 어떤 것을 '너무 과하게 했어'라고 할 때 영어로 어떻게 말해야 할까요? '과했다'를 직역해서 'do too much'라고 할 수도 있지만, 더 간단하고 센스 있게 'overdo'라고 합니다.

 이렇게 활용해 보세요

Coffee may have numerous health benefits, but don't **overdo** it.
커피는 여러 가지 건강상의 이점이 있지만, 너무 많이 마시지는 마.

Try not to **overdo** your makeup. I like it when you look more natural.
화장을 너무 과하게 하지 마. 난 네가 좀 더 자연스럽게 보이는 것이 더 좋아.

Don't **overdo** the vibrato. It distracts the listeners from focusing on the music.
비브라토를 너무 과하게 하지 마, 듣는 사람이 음악에 집중하는 것을 방해해.

★ Expressions

• numerous 많은 • health benefits 건강상의 이점 • distract 방해하다

너무 깊이 생각하지 마.

☺ Don't think too much.

☺⁺ **Don't overthink it.**

주위에 항상 생각이 너무 많은 친구 한두 명 정도는 있죠? 이런 친구들에게 해 줄 수 있는 말은 "너무 깊이 생각하지 마." 혹은 "너무 많이 걱정하지 마."입니다. 이런 말은 영어로 어떻게 할까요? 직역해서 말하자면 "Don't think too much."이지만, 이 표현은 '지금 네가 생각을 너무 과하게 하고 있다'라는 뉘앙스를 효과적으로 강조하지는 못합니다. 이럴 때는 "Don't overthink it."이라고 합니다.

 이렇게 활용해 보세요

Don't **overthink**, and just do it.
너무 많이 생각하지 말고, 그냥 해.

You're **overthinking** about Hank's intentions. He's just trying to be nice.
너는 행크의 의도에 대해 너무 과하게 생각해. 그는 단지 친절하게 대하려고 하는 거야.

I tend to **overthink** everything, including what to wear when throwing out the trash.
나는 모든 것을 과하게 생각하는 경향이 있어, 쓰레기를 버리러 갈 때도 뭘 입을지 고민해.

 Expressions

• tend to 경향이 있다 • include 포함하다 • throw out 버리다

그때그때 달라.

🙂 It's case by case.

😊⁺ **It depends.**

모든 일에 답이 정해져 있으면 좋겠지만, 상황이나 여건에 따라 결정이 달라질 수 있는 것에 대해 "그때그때 달라."라는 말을 합니다. 우리말 구어체로 "케바케(케이스 바이 케이스)야."라고도 하죠. "It's case by case."라는 영어를 떠올리기 쉽지만, 일상생활에서는 "It depends."라고 말해야 합니다. 'depend'는 '의존하다', '~에 달려 있다'라는 의미로, 뒤에 'on'을 붙여 무엇에 따라 달라지는지 말할 수 있습니다.

 ✓ 이렇게 활용해 보세요

Whether or not I'll accept this job offer **depends on** the salary.
내가 이 일자리 제안을 받아들일지 말지는 연봉에 달려 있어.

How well you'll do on this exam solely **depends on** how much you study.
네가 이 시험을 얼마나 잘 보느냐는 오직 네가 얼마나 공부하느냐에 달렸어.

I can't exactly say how early this meeting will end. It really **depends on** how prepared everyone is.
이 회의가 얼마나 일찍 끝날지 정확히 모르겠어. 다들 얼마나 준비돼 있는지에 따라 달라지겠지.

⭐ Expressions

• **solely** 오로지　• **depend on ~** ~에 의존하다　• **can't exactly say** 정확하게 말할 수는 없다

준비됐어?

☺ Are you ready?

☺⁺ **Are you good to go?**

무언가를 시작하거나 어디로 출발하기 전에 꼭 하는 질문, "준비됐어?"는 영어로 어떻게 표현할까요? 아주 흔하게 쓰는 표현으로 "Are you ready?"가 있죠. 좀 더 센스 있고 원어민스러운 표현은 "You good to go?"입니다. 앞에 'Are'를 생략해서 말하는 경우가 많습니다. "준비됐어?" 혹은 "더 이상 해야 할 건 없어?"라는 뜻으로, 다양한 상황에서 사용할 수 있는 표현입니다.

✓ 이렇게 활용해 보세요

Are you good to go or do you need some more time?
나갈 준비 됐어, 아니면 시간이 좀 더 필요해?

We'll kick off the match as soon as both teams **are good to go**.
양쪽 팀 모두 준비가 되는 대로 바로 시합을 시작할 거야.

You better **be good to go** in an hour, or else we'll be late to the party.
너 한 시간 후에 나갈 준비가 되어 있지 않으면, 우린 파티에 늦을 거야.

★ Expressions

• kick off 시작하다　• as soon as 하자마자　• or else 그러지 않으면

아주 시기적절한 질문이야.

🙂 That's a question on time.

😊 **That's a timely question.**

누군가가 상황과 목적에 맞는 질문을 했을 때, "아주 적절한 질문이야."라고 칭찬하는 표현은 영어로 어떻게 말할까요? 'on time'이라는 표현을 떠올리기 쉽지만, 'on time'은 '늦지 않은', '정시에'라는 뜻으로, '시기적절한'은 'timely'로 표현하는 것이 맞습니다.

✓ 이렇게 활용해 보세요

That's a timely question. It's almost Christmas.
참 시기적절한 질문이다. 곧 크리스마스잖아.

Nothing is more important than for doctors to receive **timely** updates about their patients.
의사들이 환자들의 상태와 정보를 적시에 받는 것보다 더 중요한 것은 없다.

This book gives us a **timely** reminder regarding the importance of being nice to people.
이 책은 우리에게 친절함의 중요성에 대해 시기적절하게 일깨워준다.

⭐ Expressions

• reminder 상기시키는 것　• regarding ~에 대해

논쟁의 여지 없이 제일 좋아.

> 😐 Without argument, it's the best.
>
> 😊⁺ **It's hands down the best.**

무언가가 "논쟁의 여지 없이 제일 좋아."는 영어로 어떻게 표현할까요? 쉽게 생각하면 "It's the best." 앞에 'without argument(논쟁의 여지 없이)'를 추가해서 말할 수 있지만, 이 표현은 틀린 표현입니다. 정확한 표현은 'hands down'을 사용하는 겁니다. 'hands down'은 '명백히', '여지 없이'라는 뜻으로, "It's hands down the best."라고 하면 "그건 단연 최고야."라는 말이 됩니다.

 이렇게 활용해 보세요

Mint chocolate **is hands down the best** ice cream flavor that ever existed.
민트 초콜릿은 지금까지 현존해 왔던 아이스크림 맛 중에 단연 최고의 맛이야.

About Time is **hands down** the most memorable movie I've seen in my life.
〈어바웃 타임〉은 내가 살면서 본 영화 중에 단연 가장 기억에 남는 영화야.

Jim's violin performance was **hands down** the best out of all we've seen today.
짐의 바이올린 연주는 논쟁의 여지 없이 오늘 본 연주 중에 최고였어.

⭐ Expressions

• exist 존재하다 • out of ~ ~중에

난 무엇보다도 재즈 음악을 좋아해.

🙁 Compared to everything, I love jazz music.

🙂⁺ **Above all, I love jazz music.**

'무엇보다도' 어떻다고 말할 때, 영어로 뭐라고 표현할까요? '다른 것들과 비교해서' 라는 의미로 'compared to everything'이라고 하면 틀린 표현이 됩니다. '무엇보다도'라는 뉘앙스를 살리려면 'above all'이라고 해야 합니다. 예를 들어, "나는 무엇보다도 재즈 음악을 좋아해."는 "Above all, I love jazz music." 이라고 말하는 것이죠. 주로 문장 앞에서 사용합니다.

 이렇게 활용해 보세요

Above all, I really need to improve my English speaking skills.
무엇보다도, 나는 영어 회화 실력을 향상시켜야 해.

Safety, **above all,** is the most important factor in deciding where I would live.
거주지를 결정하는 데 무엇보다 안전이 가장 중요한 요소야.

Our CEO is handsome, tall, and **above all**, caring.
우리 대표님은 잘생겼고, 키도 크고, 무엇보다도 배려심이 많아.

⭐ Expressions

• important factor 중요한 요소 • caring 배려하는

자신 있게 말해 봐.

😐 Speak bravely.

😊⁺ **Speak up.**

사람들이 많은 상황 속에서 자신 있게 말하기는 생각보다 어렵습니다. 수업이나 회사 미팅에서 누군가에게 "자신 있게 네 의견을 말해 봐!"라고 할 때, 영어로 어떻게 말할 수 있을까요? "용기 내서 말해 봐."라고 생각해서 "Speak bravely."를 떠올릴 수 있지만, '자신 있게'라는 뉘앙스를 표현하기에는 부족합니다. 이때는 "Speak up."이라고 하면 됩니다. 목소리 자체를 크게 내라는 의미도 되고, 부끄러워하지 말고 자신 있게 말하라는 뜻도 됩니다.

✓ 이렇게 활용해 보세요

Don't be shy and **speak up**. We want to hear your thoughts.
부끄러워하지 말고, 자신 있게 말해 봐. 우린 네 생각을 듣고 싶어.

Professor Lee strongly encourages his students to **speak up** during class debates.
이 교수님은 토론 시간에는 학생들에게 자신 있게 의견을 말하라고 강하게 말씀하셔.

If you don't **speak up** now, I'm going to assume that you agree with everything I said.
네 생각을 지금 말하지 않으면, 내가 한 말에 모두 동의한다고 간주할 거야.

★ Expressions

• **thought** 의견 • **strongly** 강력하게 • **encourage** 격려하다 • **assume** 추측하다

섣불리 판단하지 마.

☺ Don't judge quickly.

☺⁺ **Don't jump to conclusions.**

모든 정보를 알기 전에 섣불리 판단하는 사람들이 있죠. 이런 사람들에게 "섣불리 판단하지 마."라고 하려면 영어로 어떻게 표현할까요? '판단하다'는 'judge'이므로 "Don't judge quickly."라고 생각할 수 있지만, 더 센스 있는 표현은 "Don't jump to conclusions."입니다. 이 표현은 "잘 알지 못하는 상황에서 결론부터 짓지 마."라는 의미가 됩니다.

✓ 이렇게 활용해 보세요

Before you **jump to conclusions**, let's gather all the information.
섣불리 판단하기 전에, 모든 정보를 일단 모으자.

It's easy to **jump to conclusions**, but we should hear Jonathan's side of the story.
섣불리 단정 짓기는 쉽지만, 먼저 조나단의 입장을 한번 들어 보자.

Jumping to conclusions can be very dangerous if you don't fully know the situation.
상황을 완벽하게 알지 못하면서 단정 짓는 것은 굉장히 위험한 행동일 수 있어.

⭐ Expressions

• gather 수집하다, 모으다 • one's side of the story ∼의 입장

얼른 결정 좀 해.

☺ Decide quickly.

😊⁺ **Make up your mind.**

유독 결정을 잘 못하는 친구들이 있죠. 이런 친구들에게 "얼른 결정 좀 해."라고 하려면 영어로 어떻게 말할 수 있을까요? "빨리 결정해."를 직역해서 "Decide quickly."라고 생각할 수 있지만, 이 표현은 조금 어색한 뉘앙스입니다. 더 자연스럽고 자주 사용하는 표현은 "Make up your mind."입니다. "마음의 결정을 내려라."라는 뜻으로, "고민 좀 그만하고 결정을 내려라."라는 표현이 됩니다.

 이렇게 활용해 보세요

Stop staring at the menu and **make up your mind.**
메뉴판 그만 보고 얼른 결정해.

Enough thinking, it's time to **make up your mind.**
생각은 그만 하고, 이제 결정을 내릴 시간이야.

Make up your mind or else we'll decide for you.
지금 결정하지 않으면 우리가 대신 정해 줄 거야.

⭐ Expressions

• stare 빤히 쳐다보다 • enough 충분한

난 정신력이 강해.

☺ I have a strong mentality.
☺⁺ **I have thick skin.**

살면서 정신력이 강한 분들을 가끔 보곤 합니다. 이처럼 누군가가 정신력이 강하다고 할 때는 영어로 어떻게 말할까요? "나는 멘탈이 강해."라는 표현을 직역해서 "I have a strong mentality."라고 생각할 수도 있지만, 사실 영어에서는 완전히 다른 비유의 표현을 씁니다. 피부가 두꺼워서 외부 타격에 잘 견딘다는 의미로 "I have thick skin."이라고 합니다.

 이렇게 활용해 보세요

Alex isn't fazed by haters because **he has thick skin.**
알렉스는 정신력이 강하기 때문에 악플러들에게 흔들리지 않아.

Successful leaders tend to **have thick skin** when it comes to receiving feedback.
성공한 지도자들은 피드백을 받는 것에 대해서는 덤덤하다.

I **have thick skin** when it comes to criticism. You can give me your honest opinion.
나는 비판에 관해서는 둔감해. 나에게 네 솔직한 의견을 말해 줘.

★ Expressions

• fazed 당황하는, 흔들리는   • when it comes to ~ ~에 관해서는   • criticism 비판, 비난

UNIT 150

혹시 나 좀 도와줄 수 있어?

😐 Can you help me if you can?

😊 **Can you help me by any chance?**

부탁도 예의 있게 하면 들어주고 싶게 마련이죠. 누군가에게 "나 좀 도와줄 수 있어?"라고 물어볼 때는 "Can you help me?"라고 할 수 있고, 조금 더 공손하게 말하려면 'please'를 붙일 수 있죠. 그런데 '혹시…'라는 말을 붙여서 더 공손하게 질문을 하려면 'by any chance'라고 할 수 있습니다. 이 표현은 공손하게 부탁을 하거나 질문을 할 때, 다양한 상황에서 사용할 수 있습니다.

 ✓ 이렇게 활용해 보세요

Do you happen to know where the nearest bathroom is **by any chance**?
혹시 제일 가까운 화장실이 어디에 있는 줄 아세요?

Do you **by any chance** know where I can find the ice cream section? I'm really lost.
혹시 아이스크림 파는 코너가 어디 있는지 아세요? 길을 잃었어요.

Do you **by any chance** know why Professor Choi suddenly canceled class today?
최 교수님이 왜 오늘 수업을 갑자기 취소하셨는지 혹시 알아?

★ Expressions
• happen to know 우연히라도 알다 • be lost 길을 잃다 • cancel 취소하다

시간이 되면 알 거야.

> 🙂 We will know when it's time.
> 🙂 **Time will tell.**

지금 현재로선 알기 힘들지만, 시간이 지나고 나면 알 수 있는 것들이 있죠. 이럴 때 "시간이 되면 알게 될 거야."라는 말은 영어로 어떻게 할 수 있을까요? 이 표현을 직역하면 "We will know when it's time."이라고 할 수는 있지만, 일상생활에서 사용하기에 간단하지만은 않습니다. 간단명료하게 표현하자면 "Time will tell."이라고 말합니다. "시간이 알려 줄 거야."라는 의미입니다.

Only **time will tell** whether this was a good investment.
이 투자가 좋은 투자였는지는 오직 시간만이 알려 줄 것이다.

Time will tell whether this job is really the right fit for you.
시간이 지나면 이 직업이 정말 네 적성에 맞는지 알게 될 거야.

Time will tell whether Sean is a trustworthy and reliable team player.
션이 신뢰하고 의지할 수 있는 팀원인지는 시간이 지나면 알게 될 거야.

⭐ Expressions

• fit (적성 등이) 맞는 • trustworthy 신뢰할 수 있는 • reliable 믿을 만한

상황이 많이 바뀌었어.

☺ The situation changed.

☺⁺ **Things have changed.**

우리는 항상 변화하는 사회에 살죠. 이처럼 변화가 일어나면서 바뀐 상황을 일컫는 표현, "상황이 많이 바뀌었어."는 영어로 어떻게 표현할까요? '상황'은 영어로 'situation'이므로 "The situation changed."라고 말할 수는 있지만, 구어체로 사용하려면 조금 어색합니다. 이보다 자연스러운 표현은 "Things have changed."입니다. 추상적일 수도 있는 'things'가 '상황'을 의미하며, '예전 같지 않다', '지금은 다르다'라는 표현이 됩니다.

 이렇게 활용해 보세요

Things have changed for the better after our company got a new CEO.
우리 회사가 새로운 CEO를 영입한 후, 상황이 많이 호전됐다.

Things have really changed since the rise of the internet.
인터넷이 생긴 이후, 시대와 환경이 많이 변했다.

Things have changed. You can't rely on other people to do everything for you anymore.
이젠 상황이 달라졌어. 주위 사람들이 너를 위해 모든 것을 해 줄 거라고 더 이상 생각하면 안 돼.

★ Expressions
• for the better 좋은 쪽으로 • rise of ~ ~의 발전, 탄생 • rely on ~ ~에 기대다, 의존하다

정신 똑바로 차려.

> ☺ Pay attention.
>
> ☺⁺ **Get it together.**

치열한 경쟁 시대에서 정신이 해이해진 상대에게 "정신 똑바로 차려."라고 충고할 수 있죠? 이럴 때는 영어로 어떻게 표현할까요? "정신 차려."는 "집중해."라는 의미와 비슷하기에, "Pay attention."이라고 생각할 수도 있습니다. 하지만 "정신과 태도를 제대로 고쳐먹어."라는 뉘앙스를 내포하기에는 충분하지 않습니다. 이 표현은 "Get it together."이라고 합니다. 여기서 'it'은 본인의 '삶', '해야 할 일', '정신' 등을 의미합니다.

Stop being lazy and **get it together.**
게으름 그만 피우고, 정신 똑바로 차려.

Stop relying on your parents and **get your life together.**
부모님께 의존하는 거 그만하고, 정신 똑바로 차려.

If you don't **get it together** and start studying, you won't pass the exam.
정신 똑바로 차리고 공부하지 않으면, 넌 시험에 통과하지 못할 거야.

★ Expressions

• rely on someone 누구에게 의지하다   • pass the exam 시험을 통과하다

더 이상은 못 참겠어.

☹ I can't be patient anymore.

☺⁺ **I can't stand it anymore.**

더 이상의 인내가 어려울 때, "더 이상은 못 참겠어."라고 말할 수 있죠. 이 표현은 영어로 어떻게 말할까요? 정확한 표현을 모르는 상태에서 직역을 하자면 "I can't be patient anymore."라고 할 수 있죠. 하지만 정확한 영어 표현은 "I can't stand it anymore."이라고 할 수 있습니다. "더 이상은 버티기 어렵다."라는 뜻으로, 'stand' 는 '견디다', '버티다'라는 의미입니다.

✓ 이렇게 활용해 보세요

I can't stand people who are disrespectful to others.
남에게 무례하게 구는 사람들을 참을 수가 없어.

I can't stand it when my teammates don't pull their weight on group projects.
나는 팀원들이 조별 과제에서 본인의 할당량을 하지 않는 것을 참을 수가 없어.

The reason I can't live in Thailand is that **I can't stand** the heat.
내가 태국에 살 수 없는 이유는 더위를 못 참아서야.

✓ Plus 표현

I can't take it anymore. "더 이상 못 참아.", "더 이상 견딜 수 없어."라는 말로, 직역하면 "더 이상 받아들일 수 없어."입니다.

⭐ Expressions
• disrespectful 무례한 • pull one's weight 본인의 역할을 하다 • heat 더위

그에게 첫눈에 반했어.

☹ I fell in love when I first saw him.

☺ **It was love at first sight.**

첫눈에 반했거나, 첫 만남에서 심쿵한 경험이 살면서 한 번쯤은 있을 수 있죠. 누군가에게 "첫눈에 반했어."는 영어로 어떻게 표현할까요? "그를 처음 봤을 때 사랑에 빠졌어."라는 뜻으로 "I fell in love when I first saw him."이라고 말할 수 있죠. 하지만 좀 더 원어민스러운 표현은 "It was love at first sight."입니다. "처음 봤을 때 사랑이었다."라는 의미입니다.

✓ 이렇게 활용해 보세요

When I saw her, **it was love at first sight**.
나는 그녀를 봤을 때 첫눈에 반했다.

As soon as our eyes met, I immediately knew **it was love at first sight**.
우리가 서로 눈을 마주치자마자 바로 첫눈에 반했다는 것을 알았다.

I don't believe in **love at first sight**. How can you love someone without knowing their personality?
나는 첫눈에 반한다는 것을 믿지 않아. 어떻게 그 사람의 성격도 모르면서 사랑할 수 있어?

⭐ Expressions

• **as soon as** 하자마자 • **immediately** 바로, 즉시 • **personality** 성격, 인격

종일 넷플릭스를 몰아 봤어.

☺ I watched Netflix the entire day.

☺⁺ **I binge-watched Netflix all day.**

한 번 시작하면 돌이킬 수 없는 넷플릭스. "종일 넷플릭스를 몰아 봤어."는 영어로 어떻게 표현할까요? "I watched Netflix the entire day."라고 하면 "다른 건 아무것도 안 하고 넷플릭스만 봤어."가 됩니다. '생각 없이 몰아서 봤다'라는 뉘앙스를 강조를 하려면 "I binge-watched Netflix all day."라고 말할 수 있습니다. 'binge'가 '생각 없이 흥청망청하기'라는 의미가 있으므로, 'binge-watch'는 '생각 없이 보다'가 됩니다. 여기서 'watch'를 빼고 "I binged on Netflix."라고 할 수도 있습니다.

 ✓ 이렇게 활용해 보세요

I did nothing this weekend other than **binge-watch** *Inventing Anna*.
나는 주말에 〈애나 만들기〉 몰아 보기 외에 아무것도 안 했어.

If you keep **binge-watching** Netflix shows in your downtime, you're not going to get anything done.
네가 시간 날 때마다 넷플릭스만 몰아 보면, 아무것도 이룰 수 없을 거야.

Can you recommend a show to **binge** on Netflix? I have too much time to kill.
넷플릭스에서 정주행할 만한 쇼 좀 추천해 줄 수 있어? 시간이 너무 남아돌아.

★ Expressions

• other than ~ ~외에는 • downtime 자유 시간 • time to kill 남아도는 시간

오늘 나가서 먹을까?

😐 Should we go outside to eat today?

😊⁺ **Should we eat out today?**

특별한 날에는 외식을 하기 마련이죠. 그럼 "오늘 나가서 먹을까?"라는 질문은 영어로 어떻게 할까요? 직역하면 "Should we go outside to eat today?"가 되죠. '외식하다'를 '나가서 먹다'로 표현하는 것이 말은 되지만, 'go outside'는 '외식하러 나가다'라는 표현을 정확하게 묘사하기 힘듭니다. '외식하다'는 영어로 'eat out'이라고 합니다. 그래서 "Should we eat out today?"라고 해야 합니다.

 이렇게 활용해 보세요

I'm tired of ordering food everyday. Can we **eat out** today?
매일 음식 시켜 먹는 거 지겨워. 오늘 나가서 외식해도 돼?

Every Christmas, my family **eats out** at our favorite Chinese restaurant.
우리 가족은 매년 크리스마스에 우리가 제일 좋아하는 중국 음식점에서 외식을 해.

We love cooking, but we try to **eat out** every weekend to explore new cuisine.
우리는 요리해 먹는 것을 좋아하지만, 새로운 요리를 접하기 위해 주말마다 외식을 하려고 노력해.

⭐ Expressions

• **tired of ~** ~에 질리고 지친 • **explore** 탐구하다, 분석하다 • **new cuisine** 새로운 음식, 요리

내 앞길을 가로막지 마.

☹ Don't block my way.

☺⁺ **Don't stand in my way.**

누군가가 내 앞길을 가로막는 것은 굉장히 짜증 나는 일이죠. 비유적으로 앞길을 가로막는다거나, 정말 물리적으로 앞을 막고 있을 때는 영어로 뭐라고 할까요? 직역하면 "Don't block my way."라고 할 수 있죠. 이 표현이 틀리지는 않지만, 굉장히 어색하게 들립니다. 보다 자연스러운 표현을 하려면 "Don't stand in my way."라고 하는 것이 좋습니다. 여기서 'stand'는 '가로막다', '방해하다'라는 의미로, "내 앞길을 막지 마."라는 표현이 됩니다.

 이렇게 활용해 보세요

I'm building something big. If you're not going to help me, **don't stand in my way** at least.
나는 큰 꿈을 이루고 있어. 나를 도와주지 않을 거면 적어도 내 앞길을 막지는 마.

I will **not** let anything **stand in the way** of achieving my goal.
내 목표를 이루는 데 아무것도 내 앞길을 가로막지 못하게 할 거야.

Real friends **don't stand in the way** of each other's success.
진정한 친구는 서로의 성공에 훼방을 놓지 않아.

⭐ Expressions

• build 만들어 내다, 창조하다 • at least 적어도

다 잘될 거야.

☺ Everything will end well.

☺⁺ **It will all work out.**

힘든 일을 겪고 있는 친구에게 할 수 있는 조언, "다 잘될 거야."는 영어로 어떻게 표현할까요? "결국 다 잘 풀릴 거야."라는 의미로 "Everything will end well."이라고 생각할 수 있지만, 이 표현을 조금 더 자연스럽고 어색하지 않게 하려면 "It will all work out."이라고 하는 것이 좋습니다. 'work out'은 다양한 의미가 있지만, 이 상황에서는 '일이 잘 풀리다'라는 뜻을 갖고 있습니다.

 이렇게 활용해 보세요

Don't worry about it too much. **It will all work out** in the end.
너무 걱정하지 마. 결국 다 잘될 거야.

There's really no point in thinking too far ahead. **It will all work out**.
너무 멀리까지 생각할 필요 없어. 다 잘될 거야.

I know you're concerned about your financial situation, but I know **it will all work out**.
네 금전적인 문제 때문에 지금 걱정인 거 아는데, 다 잘될 거야.

★ Expressions

• **there's no point** 소용없다, 의미 없다   • **far ahead** 먼 미래에   • **financial** 금융의, 재정적인

어깨 펴고 다녀.

😐 Straighten your shoulders.

😊⁺ **Hold your head high.**

자신감이 떨어지고 움츠러들 땐 누군가의 격려가 큰 도움이 되죠. 동료에게 "어깨 펴고 다녀."라고 격려하려면 영어로 어떻게 표현할까요? '어깨'는 'shoulders'이기 때문에 직역하면 "Straighten your shoulders."라고 생각할 수 있지만, 이 표현은 '자신감을 가져'라는 뉘앙스는 없고 물리적으로 어깨를 펴라는 말밖에 안 됩니다. 이런 상황에서는 "Hold your head high."라고 할 수 있습니다. "머리 숙이지 말고 꿋꿋이 들고 다녀."라는 뜻으로, 자신감을 가지라는 말이 되죠.

 이렇게 활용해 보세요

Hold your head high and walk onto that stage. You got this.
어깨 펴고 어서 무대 위로 올라가. 넌 할 수 있어.

There's nothing to be ashamed or afraid of. **Hold your head high**.
부끄러워하거나 무서워할 거 하나도 없어. 어깨 좀 펴.

The more you hide, the more suspicious you look. **Hold your head high** and launch a press conference.
네가 숨을수록 더 수상해 보여. 어깨 펴고 당당하게 기자 회견을 열어.

⭐ Expressions

• be ashamed of ~ ~을 부끄러워하다 • suspicious 수상쩍은 • launch 열다, 시작하다
• press conference 기자 회견

175

운에 맡기고 싶지 않아.

☺ I don't want to give a chance.

☺⁺ **I don't want to leave it to chance.**

굉장히 중요한 일이나 임무를 맡았을 때, 생각 없이 운에 맡기기에는 위험 요소가 큰 상황들이 있죠. 이럴 때 말할 수 있는 "운에 맡기고 싶지 않아."는 영어로 어떻게 표현할까요? '맡기다'는 흔히 '주다'라는 의미로 연상해서 "I don't want to give a chance."라고 생각할 수도 있습니다. 하지만 이런 식으로 직역을 하면 원어민은 알아듣기 어렵습니다. '운에 맡기다'라는 표현은 영어로 'leave it to chance'입니다. 그래서 "운에 맡기고 싶지 않아."는 "I don't want to leave it to chance."라고 할 수 있습니다.

 이렇게 활용해 보세요

This is too important to **leave it to chance.**
이건 운에 맡기기에는 너무 중요해.

It's often a bad idea to **leave** your investment strategy **to chance.**
네 투자 전략을 운에 맡기는 것은 전반적으로 안 좋은 생각이야.

Fred isn't the type of person to **leave** major life decisions **to chance.**
프레드는 인생에서 중요한 결정들을 운에 맡기지 않는 성향의 사람이다.

 Expressions

• often 전반적으로, 대개 • major life decision 인생에 중대한 결정

이번엔 그냥 넘어갈 거야.

😐 I will get over it this time.

😊⁺ **I'll let it slide this time.**

살면서 누구나 실수는 하죠. 누군가가 실수했을 때, "이번엔 그냥 넘어갈 거야."라고 말할 때가 있는데요, 이 표현은 영어로 어떻게 할까요? '넘어가다'를 직역하면 'get over it'이지만, 이 표현은 어떤 실수를 '넘어가다'라는 의미보다 나에게 생긴 문제나 안 좋은 상황을 '극복하다'라는 의미입니다. '용서하고 넘어가다'의 뉘앙스는 "I'll let it slide."라고 합니다.

 이렇게 활용해 보세요

I'm going to **let it slide** this time, but don't ever lie to me again.
이번엔 그냥 넘어가지만, 다시는 나한테 거짓말하지 마.

I decided to **let things slide** because I didn't want to confront him.
그와 얼굴 붉히면서 얘기하고 싶지 않아서 그냥 넘어가기로 했어.

If you keep **letting it slide** whenever your interns make a mistake, they're never going to learn anything.
네가 인턴들이 실수할 때마다 계속 넘어가 주면, 인턴들이 배우는 게 하나도 없을 거야.

⭐ Expressions
• confront 정면으로 부딪치다 • learn 배우다

머리를 맞대고 생각해 보자.

☺ Let's think together.

☺⁺ **Let's put our heads together.**

한 명보단 두 명이 낫다는 말이 있듯이, 어떤 일을 효율적으로 끝내려면 누군가와 함께하는 것이 좋겠죠. 이런 상황과 관련 있는, "머리를 맞대고 생각해 보자."는 영어로 어떻게 표현할까요? "같이 생각해 보자."라는 뜻으로 "Let's think together."라고 해도 의미는 충분히 전달되지만, '머리를 맞대다'가 갖고 있는 팀워크와 소속감의 뉘앙스를 표현하려면 "Let's put our heads together."가 더 적합한 표현입니다. 'put our heads'는 두 사람의 머리를 모은다는 의미이며, 'together'로 '함께'라는 뜻을 나타냅니다.

 이렇게 활용해 보세요

I can't figure it out alone. We need to **put our heads together**.
나 혼자서 이 문제를 해결할 수 없어. 우리가 서로 머리를 맞대고 생각해 봐야 해.

Let's **put our heads together** and think about how we're going to fix this problem.
우리 서로 머리를 맞대고 이 문제를 어떻게 풀어 나갈지 생각해 보자.

The board of directors **put their heads together** to secure additional funding for the company.
이사회는 회사의 추가 자금을 확보하기 위해 머리를 맞댔다.

⭐ Expressions

• figure out 해결하다 • board of directors 이사회 • secure funding 자금을 확보하다

이게 성공을 좌우할 거야.

😐 This will decide your success.

😊⁺ **This will make or break your success.**

어떤 일이 성공을 좌우할 만큼 중요한 요소가 될 때가 있죠? 이럴 때 말할 수 있는 "이게 성공을 좌우할 거야."는 영어로 어떻게 표현할까요? "This will decide your success.", 즉 "이게 너의 성공을 결정할 거야."라고 직역해도 전혀 문제없습니다. 하지만 특정 일의 중요성을 조금 더 강조하려면 "This will make or break your success."라고 할 수 있습니다. 'make or break'는 일종의 언어유희로, '성공을 만들거나 무너뜨리거나 (좌우할 것이다)'라는 표현이 됩니다.

 이렇게 활용해 보세요

This performance feedback **will make or break** your promotion.
이번 성과 평가가 네 승진을 좌우할 거야.

Your preparedness **will make or break** your performance on the exam.
네가 얼마나 준비돼 있는지가 이번 시험의 성적을 좌우할 거야.

This interview is everything to me because it **will make or break** my opportunity to work here.
이 인터뷰는 내가 이 회사에서 일할 수 있는 기회를 좌우할 수 있기 때문에 정말 중요해.

⭐ Expressions

• **preparedness** 준비, 각오 • **everything** 전부, 모든 것

정말 아슬아슬한 경기였어.

:) It was a shaky game.

:)* **That was a close game.**

우리말의 장점 중 하나는 '간당간당하다' 혹은 '아슬아슬하다'와 같은 표현의 다양성인 것 같습니다. 어떤 상황이 '아슬아슬하다'라고 표현하려면 영어로는 어떻게 말해야 할까요? '아슬아슬하다'를 상상하면 구불거리고, 평탄하지 않은 이미지가 떠오르며, 'shaky(불안정한)'라는 표현이 생각날 수도 있습니다. 하지만 '아슬아슬한'은 영어로 'close'로 표현합니다. 정말 물리적으로 거리가 가깝다는 표현도 되지만, 어떤 상황에 아슬아슬하게 가까웠다는 표현입니다.

 이렇게 활용해 보세요

The Warriors won over the Celtics, and it wasn't even a **close** game.
워리어스는 셀틱스를 이겼고, 심지어 아슬아슬한 경기도 아니었어.

Kylie won the game and became the chess champion, but it was a **close** call.
카일리는 게임을 이겨서 체스 챔피언이 되었지만, 아슬아슬한 경기였다.

Looking at the bus that almost got tipped over by the wind, Sarah shouted "That was a **close** one."
바람 때문에 뒤집힐 뻔한 버스를 보며 사라는 "와 정말 아슬아슬했어."라고 소리 질렀다.

★ Expressions

• win 이기다 • tip over ~ ~을 뒤집어엎다

체면을 세우려고 했어.

☺ I was trying to avoid embarrassment.

☺⁺ **I was trying to save face.**

실수를 하더라도 체면을 세우는 것이 중요한 상황들이 있기 마련이죠. 이럴 때 '체면을 세우다'는 영어로 어떻게 말할 수 있을까요? '체면을 세우다'라는 표현은 곧 '망신을 피하다'라는 말이므로 'avoid embarrassment'라고 할 수도 있지만, 이보다 정확한 표현은 'save face'입니다. 말 그대로 '얼굴을 지키다'라는 표현이며, 망신을 피한다는 뜻이 됩니다.

 이렇게 활용해 보세요

If you want to **save face**, start by apologizing.
네가 체면이라도 세우고 싶으면 사과부터 해.

Stop trying to **save face** and just do the right thing.
체면만 세우려 하지 말고 옳은 일을 해.

Julie wanted to **save face** by quitting her job before getting fired by her boss.
줄리는 체면을 세우기 위해 해고당하기 전에 사직서를 냈다.

⭐ Expressions

• **start by ~** ~부터 시작하다 • **get fired** 해고당하다

두려움에 맞서야 해.

☹ You must go against your fears.

😊 **You must face your fears.**

어려움에 닥치면 피할 수도 있어야 하지만 정면 돌파를 할 줄도 알아야 합니다. 이럴 때 '두려움에 맞서다'는 영어로 어떻게 표현할 수 있을까요? '두려움에 맞서 싸우다'라고 직역하면 'fight your fears' 혹은 '두려움에 맞서다'를 직역해 'go against your fears'라고 생각할 수 있지만, 둘 다 어색합니다. 대신 한층 더 자연스러운 표현은 'face your fears'입니다. 이것은 '두려움에 직면하다'는 뜻입니다.

✓ 이렇게 활용해 보세요

If you never **face your fears**, you'll never grow.
네가 절대 두려움에 맞서지 않으면, 성장하지 못할 거야.

It's time to stop running away and **face your fears**.
이제 그만 도망 다니고 두려움에 직면해야 해.

The more you **face your fears**, the better you'll become at overcoming them.
네가 두려움에 맞설수록, 고난을 헤쳐 나가는 데 더욱 능숙해질 거야.

⭐ Expressions
• run away 도망치다

시간 좀 내 줄 수 있어?

> ☺ Can you give me some time?
>
> ☺⁺ **Can you make some time?**

바쁜 와중에 '잠깐 시간을 내다'라는 표현은 영어로 어떻게 할 수 있을까요? "시간을 좀 줄 수 있어?"라는 의미로 "Can you give me some time?"이라고 생각할 수 있지만, 사실 굉장히 어색합니다. 이보다 더 자연스럽고 자주 사용하는 표현은 "Can you make some time?"입니다. 없는 시간을 만들어 내다는 뜻으로, 이후에 할 말이나 진행될 일이 얼마나 중요한지를 표현하는 뜻을 담고 있습니다.

 ✓ 이렇게 활용해 보세요

My New Year's resolution is to **make more time** for my family.
내 새해 목표는 가족과 시간을 더 많이 보내는 거야.

It's important to **make some time** to do the things that make you happy.
짬을 내서라도 자신을 행복하게 해 줄 수 있는 것들을 하는 건 중요해.

No matter how busy I am, I try to **make time** to hit the gym every morning.
나는 아무리 바빠도, 매일 아침 헬스장에 갈 시간을 내려고 노력해.

⭐ Expressions

• **New Year's resolution** 새해 목표 • **no matter how** 아무리 ~해도
• **hit the gym** 헬스장에 가다

걱정 마, 내가 있잖아.

☺ Don't worry, I'm here.

☺⁺ **Don't worry, I got your back.**

정말 든든한 사람은 어떤 일이 생겨도 내 뒤를 봐 주고 도와줄 것 같은 느낌이 들죠. 누군가가 '뒤를 봐 주다', '든든한 지원군이 되어 주다'는 영어로 어떻게 할까요? "걱정 마, 내가 있잖아."라고 하려면 "Don't worry, I'm here."이라고 생각할 수 있지만, 더욱 정확한 표현은 "Don't worry, I got your back."입니다. 만약 무슨 일이 생겼을 때, 상대가 위험해지지 않도록 뒤를 봐 주겠다는 의미가 됩니다. 'got' 대신 'have'를 써도 됩니다.

 이렇게 활용해 보세요

I can always count on my best friends to **have my back**.
난 친한 친구들이 나를 지지해 주고 도와줄 것을 항상 믿고 있다.

If you run into any trouble, remember that I **got your back**.
만약 네게 무슨 문제라도 생기면, 내가 있다는 것을 잊지 마.

I'm lucky to be surrounded by people that **have my back** if anything happens to me.
내게 무슨 일이 생기면 주위에 나를 도와줄 사람들이 많다는 것이 행운이라고 생각해.

★ Expressions

• count on 믿다 • run into trouble 사고를 일으키다 • surround 둘러싸다, 에워싸다

그는 귀가 정말 얇아.

> ☹ His ears are really thin.
>
> ☺⁺ **He's really gullible.**

우리 주위에 워낙 순진해서 어떤 말을 들으면 일단 믿는 친구가 한 명씩은 있죠? 이럴 때 '귀가 정말 얇다'라고 하는데, 이 표현은 영어로 어떻게 할까요? "그는 귀가 정말 얇아."를 직역하면 "His ears are really thin."이라고 생각할 수 있지만, 의미를 전달할 수 없는 틀린 표현입니다. 이럴 땐 "He's really gullible."이라고 할 수 있습니다. 순진하고 어떤 말도 쉽게 믿는다는 뜻입니다.

 이렇게 활용해 보세요

I don't know if she's **gullible** or just stupid.
난 그녀가 귀가 얇은 건지 아니면 그냥 머리가 나쁜 건지 모르겠어.

I would rather be overly skeptical about things than be **gullible**.
나는 귀가 얇고 잘 속는 사람이 될 바엔 차라리 지나치게 의심이 많은 사람이 되고 싶어.

I can't believe Monica was **gullible** enough to believe that you live right next to her.
나는 모니카가 네가 바로 옆집에 산다는 거짓말도 믿을 만큼 잘 속을 줄은 몰랐어.

★ Expressions

• overly 너무, 몹시 • sketptical 의심 많은

잠수 타지 마.

☺ Stop ignoring me.

☺ **Stop ghosting me.**

연인 혹은 친구와 싸우고 상대방이 잠수를 탈 때가 있죠. 이럴 때 "잠수 타지 마."는
영어로 어떻게 말할까요? '(연락을 안 받고) 무시하다'라는 의미로 "Stop ignoring
me."라고 생각할 수 있습니다. 하지만 더욱 정확한 표현은 "Stop ghosting
me."입니다. 'ghost'는 눈에 보이지 않는 유령처럼 눈앞에서 사라졌다는 뜻이
됩니다.

✓ 이렇게 활용해 보세요

He's been **ghosting** me ever since we fought.
그는 우리가 다툰 후로 잠수를 탔어.

Please stop **ghosting** me. Can we just talk face-to-face?
제발 잠수 좀 그만 타. 우리 얼굴 보고 얘기할 수 있을까?

If you keep **ghosting** me, I'm going to assume you don't love me
anymore.
네가 계속 잠수 타면, 나를 더 이상 사랑하지 않는다고 생각할 거야.

 Expressions

• ever since 그 후 계속 • face-to-face 얼굴 보고, 면 대 면으로

늦더라도 안 하는 것보단 낫지.

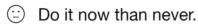 Do it now than never.

 **It's better late than never.**

늦게 하더라도 안 하는 것보다는 나은 일들이 있죠. 이 표현은 영어로 어떻게 표현할까요? "영원히 안 하지 말고 지금 해."라는 뜻을 직역해서 "Do it now than never."이라고 힘들게 표현할 수 있습니다. 하지만 이 상황에 딱 알맞은 표현은 "Better late than never."입니다. "늦는 게 안 하는 것보다 차라리 낫다."라는 의미입니다.

 이렇게 활용해 보세요

I was late to my best friend's wedding due to traffic, but **better late than never.**
차가 막혀서 절친의 결혼식에 늦었지만, 안 가는 것보단 나았다.

Sally turned in her essays 10 days past the deadline, but it's **better late than never**.
샐리는 과제 제출 기간이 열흘이 지나서 에세이를 제출했지만, 안 내는 것보다 나았다.

Tony took 3 months to pay me back the money I lent him, but it's still **better late than never.**
토니는 내가 빌려준 돈을 3달 후에나 갚았지만, 늦더라도 안 갚는 것보다 나았다.

⭐ Expressions

• turn in ~ ~을 제출하다 • pay someone back (돈 등을) 갚다

남는 시간이 너무 많아.

☺ I have too much time left.

☺⁺ **I have too much time to kill.**

가끔 시간을 잘못 분배해서 남는 시간이 생기는 경우가 종종 있습니다. 이럴 때 "남는 시간이 너무 많아."는 영어로 어떻게 표현할까요? 직역해서 표현하면 "I have too much time left."라고 할 수 있지만, 좀 더 센스 있게 말할 수 있는 표현은 "I have too much time to kill."입니다. 'time to kill'은 '죽여야 하는 시간', 즉 '애매하고 실용적인 것을 딱히 할 수 없는 시간'을 일컫습니다.

 이렇게 활용해 보세요

Now that my flight is delayed, **I have way too much time to kill.**
비행기가 연착돼서, 남는 시간이 너무 많아졌어.

I have some time to kill after my meeting. You want to grab a quick lunch?
미팅 끝나고 남는 시간이 좀 있어. 간단하게 점심식사 하러 갈까?

We arrived a bit too early for the concert, so **we had around 40 minutes to kill**.
우리가 콘서트에 너무 일찍 도착해서, 40분가량 시간이 남아돌았다.

⭐ Expressions

• way too much 필요 이상으로 많이 • grab lunch 점심 먹으러 가다

난 클래식 음악을 그렇게 좋아하진 않아.

😐 I don't like classical music.

🙂⁺ **I'm not a big fan of classical music.**

아무리 비위가 좋은 사람도 모든 것을 좋아하긴 힘들죠. 예를 들어, "난 클래식 음악을 그렇게 좋아하지 않아."를 표현하려면 단순히 "I don't like classical music."이라고 말할 수도 있습니다. 하지만 이렇게 직설적으로 '싫다'라고 표현하기보다 '별로 좋아하지 않는다'라는 뜻의 "I'm not a big fan of classical music."이 더 센스 있는 표현입니다. 내가 어떤 것에 '열광하지 않는다'라는 의미로, '그렇게까지 좋아하지는 않아'라는 뉘앙스를 표현할 수 있죠.

 이렇게 활용해 보세요

I'm not a big fan of basketball. Do you want my extra ticket to the game tonight?
나는 농구를 그다지 좋아하지 않아. 오늘 저녁 경기에 남는 표 줄까?

If **you're not a big fan of** loud music, you're probably not going to enjoy clubbing.
네가 시끄러운 음악을 별로 좋아하지 않는다면, 클럽 가는 것을 좋아하진 않을 거야.

He is not a huge fan of spending money on clothes, so we rarely go shopping.
그는 옷에 돈 쓰는 것을 별로 안 좋아해서, 쇼핑을 거의 안 해.

⭐ Expressions

• extra ticket 여분의 표 • huge fan 광팬 • rarely 굉장히 드물게

한번 해 봐.

☺ **Try it.**

☺⁺ **Give it a shot.**

새로운 것을 접할 때 "한번 해 봐."라고 말하려면 영어로 어떻게 표현해야 할까요? 보통 "시도해 봐."라는 뜻으로 "try it."이라고 할 수 있습니다. 하지만 대화하면서 좀 더 자연스럽고 센스 있게 "도전해 봐."라고 표현하려면 "Give it a shot."이라고 하는 게 좋습니다. 한 번도 해 보지 않은 것에 대해 긍정적인 부추김을 표현할 때 할 수 있는 표현입니다.

  이렇게 활용해 보세요

I've never had sushi, but I was in Japan so I **gave it a shot.**
나는 한 번도 초밥을 먹은 적이 없지만, 일본에 갔기 때문에 한번 먹어 봤어.

I wanted a creative hobby, so I decided to **give** painting **a shot.**
나는 창의적인 취미를 찾고 싶어서 그림 그리기에 도전해 보기로 했어.

If you have never tried yoga, I strongly recommend that you **give it a shot.**
한 번도 요가를 해 본 적이 없으면, 한번 해 볼 것을 적극 추천해.

 Expressions

• **decide** 결심하다 • **strongly recommend** 적극 추천하다

난 하나도 설득 안 됐어.

☹ I'm not convinced.

☺⁺ **I don't buy it.**

어떤 말을 해도 설득이 안 되는 상황이 있죠. 누군가의 말에 "하나도 설득 안 됐어."
라고 하려면 영어로 어떻게 표현할까요? 흔히 '설득하다'라는 단어 'convince'를
생각할 수 있습니다. 물론 틀린 표현은 아니지만, 다양한 상황에서 "난 전혀 설득
안 됐다.", "안 믿는다."라는 것을 강조하며 센스 있게 말하려면 "I don't buy it."
이라고 표현할 수 있습니다. 특정 행동, 말 등을 믿지 못할 때 사용할 수 있는 표현
입니다.

 이렇게 활용해 보세요

Harry apologized for swearing at me, but **I don't buy** his apology.
해리는 나에게 욕을 한 것에 대해 사과했지만, 난 그의 사과를 믿지 않아.

It's not the first time Sean has lied to us, so **I don't buy** anything
he says.
션이 우리에게 거짓말을 한 것이 처음이 아니기 때문에, 나는 그가 말하는 것을 믿지 않아.

Liam pitched his startup idea to investors, but they **didn't buy**
anything he said.
리암은 자신의 스타트업 아이디어를 투자자들에게 발표했지만, 아무도 그의 말을 믿지 않았다.

★ Expressions

• swear 욕을 하다 • pitch his idea 아이디어를 발표하다

그 공연 정말 굉장했어.

☺ That performance was amazing.

☺⁺ **That performance was mind-blowing.**

정말 굉장한 일을 목격하거나 경험했을 때 "그거 대단했어.", "그거 굉장했어."라는 말은 영어로 어떻게 표현할 수 있을까요? 통상적으로 "굉장하다."라는 표현은 영어로 "That was amazing."입니다. 물론 이 표현도 자주 사용하지만, 이보다 더욱 감탄스러움을 강조할 수 있는 말은 "That was mind-blowing."입니다. 이것은 '정신이 날아갈 정도로 놀랍다'라는 표현으로, 극찬을 할 때 자주 사용하는 표현입니다.

> The tacos served at the new Mexican restaurant were simply **mind-blowing**.
> 이번에 새로 생긴 멕시코 음식점에서 파는 타코는 정말 놀라울 정도로 맛있었다.

> I went skydiving for my birthday and it was truly a **mind-blowing** experience.
> 나는 생일을 맞아서 스카이다이빙을 했는데, 그것은 정말 놀라운 경험이었어.

> You must visit Prague. The city is filled with architecture with **mind-blowing** detail.
> 프라하는 꼭 가 봐야 해. 그 도시는 정말 놀라운 디테일을 지닌 건축물로 도배되어 있어.

★ Expressions

• be filled with ~ ~로 가득 차있다 • architecture 건축 양식 • detail 세부 사항

UNIT 178

시간을 좀 벌어 줘.

> ☹ Delay some time for me.
>
> ☺⁺ **Buy me some time.**

촉박한 상황에 맞닥뜨렸는데 시간이 좀 더 필요할 때, 상대방에게 "시간 좀 벌어 줘."라고 할 수 있죠. 이 표현은 영어로 어떻게 할 수 있을까요? "날 위해 시간을 좀 늦춰 줘."라는 뜻으로, "Delay some time for me."라고 할 수도 있는데요. 하지만 이보다 정확한 표현은 "Buy me some time."입니다. "나에게 시간을 좀 사 줘."라는 직역으로, 누군가에게 시간을 좀 벌어 달라고 부탁할 때 사용할 수 있는 표현입니다.

 이렇게 활용해 보세요

I need you to **buy me some time** until the meeting starts. I'm almost there.
회의가 시작할 때까지 시간을 좀 벌어 줘. 나 거의 다 왔어.

If you're just trying to **buy time**, just tell me and I will give you more time.
네가 시간을 벌려고 이러는 거라면 그냥 말해. 그럼 시간을 더 줄게.

I'll be there in 5 minutes. Is there no way you can **buy me some time**?
5분 안에 도착해. 조금이라도 시간을 벌어줄 수 없어?

★ Expressions

• **almost there** 거의 다 왔어

193

겨울이 코앞으로 다가왔어.

☹ Winter is coming soon.

☺⁺ **Winter is around the corner.**

곧 다가올 일, 특히 설레는 일에는 심장이 뛰곤 하죠. 예를 들어, "겨울이 코앞으로 다가왔어."는 영어로 어떻게 말할 수 있을까요? 직역하면 "Winter is coming soon."이라고 할 수 있습니다. 물론 'coming soon'이라는 표현이 우리에게 익숙한 만큼 틀리지는 않습니다. 하지만 보다 생동감 있고 센스 있는 표현을 하려면 "Winter is around the corner."라고 할 수 있습니다. 어떤 상황이나 환경을 특정 위치로 형용하여 '모퉁이만 꺾으면 있다'라고 표현을 한 것입니다. 좀 더 생동감을 주기 위해 '바로 코앞에 있다'라는 의미로 'right'을 추가할 수도 있습니다.

✓ 이렇게 활용해 보세요

Summer break **is right around the corner**. We must get in shape.
여름 방학이 정말 코앞으로 다가왔어. 몸 관리를 시작해야 해.

I hate how hot this summer has been, but I'm glad fall **is right around the corner**.
이번 여름이 너무 더워서 싫었는데, 곧 가을이니 너무 다행이다.

The event **is right around the corner** and you guys haven't done anything to prepare for it?
행사가 바로 코앞인데, 너희 아직 아무것도 준비를 안 한 거야?

⭐ Expressions

• get in shape 몸매 관리를 하다 • I'm glad 다행이다. 마음이 놓인다

그때 갑자기 깨달았어.

☺ That's when I realized.

☺⁺ **That's when it hit me.**

어떤 일이 갑작스럽게 생각이 났을 때나 순간적인 깨달음을 느낄 때, 영어로 어떻게 표현할까요? '깨달았다'는 영어로 'realized'라고 말할 수 있죠. 하지만 구어체로 일상에서 자연스럽게 사용하려면 조금 다르게 표현할 수 있습니다. 바로 'hit'을 사용하는 것입니다. '그때 딱 깨달았다'라는 표현으로, 순간 특정 일이나 상황에 대한 깨달음을 표현할 수 있습니다.

 이렇게 활용해 보세요

That's when it hit me that Elizabeth had a crush on me.
그때 나는 엘리자벳이 나를 좋아한다는 것을 알았어.

After finishing the exam 30 minutes early, **it hit me** that I studied way too much for this test.
시험을 30분이나 일찍 끝내며, 내가 이 시험공부에 시간을 너무 많이 투자했다는 것을 깨달았다.

We arrived at the airport in a hurry, and **that's when it hit me** that I had left my air conditioner on.
우리는 공항에 허겁지겁 도착했고, 그때 내가 에어컨을 켜 놓고 나왔다는 것을 깨달았다.

★ Expressions

• have a crush 짝사랑하다, 좋아하다 • in a hurry 허겁지겁

넌 정말 입이 싸.

☺ You have a cheap mouth.

☺⁺ **You have a big mouth.**

남의 비밀을 함부로 말하고 다니는 친구들이 있죠. 우리는 보통 이런 친구들을 '입이 싸다'라고 해요. 이 표현은 영어로 어떻게 말할 수 있을까요? 직역해서 말하면 "You have a cheap mouth."가 되지만, 우리말에만 쓰는 '싸다'라는 표현은 영어에서 틀린 표현이 됩니다. 대신 "You have a big mouth."라고 하는데, '입이 크다'라는 뜻으로, 경솔하고 입이 가벼운 사람을 뜻하는 표현입니다.

 이렇게 활용해 보세요

Sally **has a big mouth**, so watch what you tell her.
샐리는 입이 가벼우니까, 그녀한테 무슨 말을 할 때 조심해.

I never tell my secrets to Johnny because he's known to **have a big mouth**.
조니의 싼 입 때문에 나는 내 비밀을 그에게 절대 말하지 않는다.

He's a nice person, but nobody trusts him with secrets because of his **big mouth**.
그는 착한 사람이지만, 그의 가벼운 입 때문에 그를 신뢰하는 사람은 없다.

★ Expressions
• watch 조심하다, 주의하다   • be known to ~ ~한 것으로 알려지다

현재에 안주하지 말고 도전해 봐.

> :-) Challenge yourself.
>
> :)* **Get out of your comfort zone.**

"현실에 안주하지 말고, 벗어나서 도전해 봐."라고 상대를 격려하는 말은 영어로 어떻게 표현할까요? '도전하다'라는 의미가 있으므로, 직역해서 "Challenge yourself."라고 할 수도 있지만, 더 원어민스러운 표현이 있습니다. 영어로 '안식처'는 'comfort zone'인데, "Get out of your comfort zone."이라고 하면 "안식처에서 벗어나라.", 즉 도전 정신을 가지라는 뜻이 됩니다.

✓ 이렇게 활용해 보세요

You should **get out of your comfort zone** and try new things.
편한 것만 찾지 말고 새로운 것도 도전해 봐.

Joining clubs in university is a great way to **get out of your comfort zone**.
대학에서 동아리 활동을 하는 것은 새로운 것에 도전하는 좋은 방법이야.

Getting out of your comfort zone can be scary at first, but you'll get used to it.
새로운 것에 도전하는 것은 처음엔 무서울 수도 있지만, 곧 적응될 거야.

 Expressions

• try new things 새로운 것을 해 보다 • get used to ~ ~에 적응되다

UNIT

183

그건 정말 인정해.

😐 I admit it.

😊⁺ **I hand it to you.**

다른 건 몰라도 "그건 정말 인정해."는 영어로 어떻게 말할까요? 흔히 우리가 어떤 것을 '인정하다'라고 할 땐 영어로 "I admit it."이라고 할 수 있죠. 하지만 누군가의 업적이나 잘한 일에 대해 칭찬하는 의미로 "인정해."라고 할 때는 "I hand it to you."이 맞는 표현입니다.

✓ 이렇게 활용해 보세요

I have to **hand it to Somi** for hosting an amazing housewarming party.
소미가 굉장한 집들이 파티를 주최한 건 정말 인정해야 해.

I'll hand it to you for impressing the board of directors with your brilliant idea.
네 굉장한 아이디어로 이사회를 놀라게 한 건 인정할게.

I'll hand it to you for raising $10 million for your startup. That's very impressive.
네 스타트업에 천만 달러 투자를 유치한 건 정말 인정할게. 정말 대단해.

 Expressions

• host 주최하다　• housewarming party 집들이 파티　• raise money 투자 유치를 하다

걔네 헤어졌잖아.

☺ They stopped dating.

☺⁺ **They broke up.**

흔히 '만남이 있으면 헤어짐도 있는 법'이라고 하죠? 서로 사랑하던 연인이 헤어졌을 때, "걔네 헤어졌어."는 영어로 어떻게 할까요? 우리가 보통 누구를 '사귀다'라고 하면 'dating'이 떠오르기 때문에, 반대말로 "They stopped dating."이라고 생각할 수도 있죠. 하지만 이런 직역은 굉장히 어색합니다. 누군가가 '헤어졌다'라는 표현을 하려면 "They broke up."이라고 해야 합니다. '로맨틱한 관계가 끊어졌다' 라는 의미가 됩니다.

 이렇게 활용해 보세요

I can't believe they **broke up** after dating for 10 years.
10년을 만났는데 걔네가 헤어졌다는 것이 안 믿겨.

Give it to me straight, do you want to **break up** with me?
똑바로 말해, 너 지금 나랑 헤어지고 싶은 거야?

Breaking up isn't easy, but just like everything else, time will heal all wounds.
이별은 쉬운 일이 아니지만, 다른 것과 마찬가지로, 시간이 모든 상처를 치유할 거야.

★ Expressions

• give it to me straight 똑바로, 솔직하게 말해 • everything else 다른 모든 것

뒷담화하지 마.

☹ Don't talk bad about me.

☺⁺ **Don't talk behind my back.**

앞에서 못 할 말은 뒤에서도 하지 말라고 하죠? 이럴 때 할 수 있는 말, "뒷담화하지 마."는 영어로 어떻게 말할 수 있을까요? "나에 대해서 나쁘게 말하지 마."라고 직역해서 "Don't talk bad about me."라고 할 수도 있지만, "내 등 뒤에서 말하지 마."라는 뉘앙스로 "Don't talk behind my back."이라고 하는 것이 더 자연스럽습니다. '뒷담화하다'는 영어로 'talk behind someone's back'이라고 합니다.

 ✓ 이렇게 활용해 보세요

If Kelly ever **talks behind my back**, let me know.
켈리가 내 뒷담화하는 걸 들으면 나에게 말해 줘.

I would appreciate it if you guys didn't **talk behind my back** anymore.
더 이상 너희가 내 뒷담화를 하지 않았으면 좋겠어.

I would never **talk behind anyone's back**, because I wouldn't want them to do the same.
나는 결코 다른 사람의 뒷담화를 한 적이 없어, 왜냐하면 다른 사람이 나에게 그러는 것이 싫기 때문이야.

★ Expressions

• let me know 나에게 알려 줘 • appreciate 고마워하다

걔네 둘이 사귀어?

😐 Are they dating?

😊⁺ **Are they going out?**

새로운 관계를 맺는다는 것은 굉장히 특별한 일이죠. 지인들이 사귄다는 것을 알았을 때, "걔네 사귀어?"라는 말은 영어로 어떻게 표현할까요? 우리가 익숙한 표현으로는 "Are they dating?"이 있습니다. 물론 틀린 표현도 아니며, 실제로 많이 쓰는 표현입니다. 하지만 구어체로 더 자주 사용하는 표현은 "Are they going out?" 입니다. 'go out'은 두 사람이 로맨틱한 감정을 교류하며, '연애하다'라는 뜻입니다.

 이렇게 활용해 보세요

How long have you been **going out** with Lizzie?
너 리지랑 연애를 얼마나 길게 했어?

I used to **go out** with Danny when I was in college.
나는 대학 시절 때 대니랑 사귀었었어.

We've been **going out** for three years already, but it really feels like less than a year.
우린 벌써 3년째 연애 중이지만, 느낌상은 1년도 안 된 것 같아.

⭐ Expressions

• feel like ~한 느낌이 있다

UNIT
187

내 탓하지 마.

Don't say it's my fault.

Don't blame me.

누군가가 내 탓을 하면 기분이 상당히 나쁘죠. 이럴 때 "내 탓하지 마."는 영어로 어떻게 표현할까요? 보통 누구의 '탓'이라고 말하려면 영단어 'fault'를 씁니다. 하지만 "내 탓하지 마."를 영어로 "Don't say it's my fault."라고 직역하면 상당히 어색해집니다. 이럴 땐 "Don't blame me."라고 해 보세요. 'blame'은 '누구를 탓하다'라는 의미로, 본인 잘못을 남에게 탓한다는 뉘앙스를 가집니다.

✓ 이렇게 활용해 보세요

Don't blame me. That wasn't my idea.
내 탓하지 마. 내 아이디어 아니었어.

Do what you want but **don't blame me** for your decisions.
네가 하고 싶은 대로 하는데, 네 결정에 대해 나를 탓하지 마.

If you keep **blaming** other people for everything, you'll never build meaningful relationships.
항상 모든 것을 남 탓하면, 절대 의미 있는 관계를 쌓지 못할 거야.

Expressions

- do what you want 네가 하고 싶은 대로 해
- build relationships 관계를 형성하다
- meaningful 의미 있는

내 잘못이야.

:| It's my fault.

:)⁺ **My bad.**

누구나 실수는 합니다. 누군가에게 사과할 때, "내 잘못이야."는 영어로 어떻게 말할까요? 우리가 흔히 "내 잘못이야."를 말하려면 "It's my fault."라고 할 수 있죠. 하지만 일상생활에서 조금 더 자연스럽게 미안함을 표현하려면 "My bad."라고 할 수 있습니다. 주의할 점은 여기서의 잘못이 너무 큰 잘못이 아니어야 합니다. 이 표현은 일상생활에서 충분히 할 수 있는 실수를 했을 때 사용할 수는 있지만, 굉장히 큰 잘못을 했을 때 사용하면 다소 가벼운 사람으로 취급 받을 수 있습니다.

 이렇게 활용해 보세요

My bad, I wasn't trying to steal your seat.
내 잘못이야, 네 자리를 빼앗으려던 것은 아니었어.

I totally forgot to bring your umbrella. **My bad.**
네 우산을 가져오는 것을 완전히 까먹었어. 내 잘못이야.

My bad, I didn't mean to knock over your water bottle.
내 잘못이야, 네 물병을 넘어뜨리려던 것은 아니었어.

⭐ Expressions
• steal one's seat 자리를 빼앗다 • totally forget 완전 잊어버리다 • knock over 넘어뜨리다

UNIT 189

기분 나쁘게 듣지는 마.

☺ Don't be angry about it.

☺⁺ **No offense.**

같은 말을 해도 누구에게 어떤 뉘앙스로 말하느냐에 따라 상대방의 기분이 나빠질 수 있죠. 이럴 때 "기분 나쁘게 듣지 마."는 영어로 어떻게 표현할까요? "화내지 마."라는 뉘앙스도 내포되어 있는 이 표현을 직역하자면 "Don't be angry about it."이라고 말할 수 있죠. 하지만 이 표현은 어색합니다. 더 자연스러운 표현은 "No offense."입니다. 'offense'는 수많은 뜻 중에 '공격'이라는 표현이 있는데, "너를 공격하려는 것은 아니야."라는 뉘앙스를 나타냅니다.

 이렇게 활용해 보세요

No offense, but I really think you need a haircut.
기분 나쁘게 듣지는 마, 근데 너 머리 좀 잘라야 할 것 같아.

No offense, but you need to start working out and get in shape.
기분 나쁘게 듣지는 마, 근데 넌 운동을 시작하고 몸을 좀 가꿔야 해.

I know you've played the violin for over 20 years, but I hate listening to classical music. **No offense.**
네가 바이올린을 20년 넘게 연주해 온 건 알지만, 난 클래식 음악 듣는 거 싫어해. 기분 나쁘게 듣지는 마.

★ Expressions

• get in shape 몸매를 가꾸다 • for over 20 years 20년 넘게

내 말 새겨들어. / 명심해.

😐 Remember my words.

😊 **Mark my words.**

중요한 말을 전할 때, "내 말을 새겨들어."는 어떻게 말할 수 있을까요? "잊어버리지 말고 기억해."라는 뜻을 직역해서 "Remember my words."라고 할 수도 있죠. 하지만 기억하는 것을 넘어서 "마음에 새겨."라는 뉘앙스를 표현하려면 조금 다르게 말하는 것이 좋습니다. 이럴 때 사용할 수 있는 표현은 "Mark my words."입니다. 여기서 'mark'는 '새기다'라는 뜻입니다.

 이렇게 활용해 보세요

Mark my words. This chapter will be on the final exam.
내 말 새겨들어. 이 챕터는 기말고사에 출제될 거야.

You must keep secrets to yourself around Angela. **Mark my words**.
안젤라 주변에서는 비밀을 함부로 말하면 안 돼. 내 말 새겨들어.

The more you practice, the better you'll do in your interview. **Mark my words**.
네가 연습할수록, 인터뷰에서 더욱 잘하게 될 거야. 명심해.

★ Expressions

• keep secrets 비밀을 지키다 • the better you'll do 더욱 잘하게 될 것이다

진심으로 고마워.

☺ Thank you in all honesty.

☺⁺ **Thank you from the bottom of my heart.**

마음 깊숙이 진심으로 고마움을 느껴, 그 마음을 표현하고 싶을 땐 어떻게 말할 수 있을까요? '진심으로'는 곧 '거짓 없이'라는 뜻이므로 'in all honesty'라고 할 수 있죠. 하지만 이보다 감사함을 강조할 수 있는 표현은 'from the bottom of my heart'입니다. '마음속 제일 깊은 곳에서부터 우러나와'라는 뜻으로, 진심으로 전하고 싶은 말을 할 때 사용할 수 있습니다.

✓ 이렇게 활용해 보세요

Thank you for helping me, **from the bottom of my heart**.
나를 도와줘서 진심으로 고마워.

I sincerely apologize **from the bottom of my heart**. I'll watch my mouth from now on.
진심으로 미안해. 이제부터는 입 조심하도록 할게.

From the bottom of my heart, I'm so happy that you won the piano competition.
난 네가 피아노 대회에서 우승해서 진심으로 기뻐.

 Expressions

• sincerely 진심으로 • watch one's mouth 입조심하다 • competition 대회, 시합

날 곤란하게 만들지 마.

☹ Don't make it difficult.

☺* **Don't put me on the spot.**

살다 보면 마음처럼 되지 않는 상황들이 종종 오죠. 이렇게 곤란한 상황에 처했을 때, 나를 이런 상황에 놓이게 한 사람에게 "날 곤란하게 만들지 마."라고 영어로 어떻게 말할까요? 이 표현을 직역하면 "Don't make it difficult."라고 할 수 있지만, 상당히 어색합니다. 대신, "Don't put me on the spot."이라고 말할 수 있습니다. "나를 불편한 자리에 서게 하지 마."라는 표현으로, 'the spot'을 '불편한 자리'에 비유한 것입니다.

✓ 이렇게 활용해 보세요

I tend to choke when I'm **put on the spot**.
난 곤란한 상황이 오면, 긴장해서 아무 말도 못 하는 경향이 있어.

I don't like being **put on the spot** because it makes me nervous and jittery.
난 주목받는 게 싫어, 왜냐하면 그건 나를 긴장되고 불안하게 만들기 때문이야.

Professor Kim likes to put his students **on the spot** during class discussions.
김 교수님은 수업 토론 시간에 학생들을 지목하여 곤란하게 만드는 것을 좋아하신다.

★ Expressions

• choke 긴장해서 아무 말도 못한다 • nervous and jittery 긴장되고 불안한

어쩔 수 없어.

☹ I can't do anything.

☺⁺ **It is what it is.**

이미 엎질러진 물인 상황에 할 수 있는 것이 없을 때, "어쩔 수 없어."라고 하죠. 이 표현은 영어로 어떻게 할까요? "내가 할 수 있는 게 없어."를 직역해서 "I can't do anything."이라고 할 수도 있죠. 하지만 이런 식의 직역은 진정한 뉘앙스를 담지 못합니다. 대신 "It is what it is."라고 하여 "그건 그냥 그런 거야."라는 뉘앙스를 나타낼 수 있습니다. '바꿀 수 없는 일에 신경 쓰지 말고 이 상황을 받아들여라'라는 의미입니다.

 이렇게 활용해 보세요

It is what it is, what's done is done. We should move on.
어쩔 수 없어, 이미 엎질러진 물이야. 그만 잊고 넘어가자.

Don't worry about the things you can't change. **It is what it is.**
네가 바꿀 수 없는 것은 신경 쓰지 마. 어쩔 수 없잖아.

It is what it is, people come and go. You'll meet great friends next semester.
인연이 오고 가는 것은 어쩔 수 없는 일이야. 다음 학기에 좋은 친구들 만날 거야.

⭐ Expressions

• move on 잊고 넘어가다 • come and go 오고 가다 • semester 학기

천천히 해. / 시간을 가져.

☺ Do slowly.

☺⁺ **Take your time.**

신중해야 하는 상황이 생길 때, 혹은 누군가에게 "시간을 가지고 천천히 해."라고 다독일 때 영어로 어떻게 표현할 수 있을까요? 이 표현을 직역해서 말하면 "Do slowly."라고 할 수 있지만, 그 어느 상황에서도 이 표현은 상당히 어색합니다. 대신 "Take your time.", 즉 "네가 필요한 만큼 시간을 가져."라고 할 수 있습니다. "충분히 여유를 가져."라는 의미로, 어떤 일을 신중하게 처리할 때나 말 그대로 천천히 하라고 할 때 사용할 수 있습니다.

 이렇게 활용해 보세요

Take your time to review your resume before submitting it.
네 이력서를 제출하기 전에 천천히 검토해.

Feel free to **take as much time** as you need to answer my question.
내 질문에 대답하는 데 네가 필요한 만큼 시간을 가져.

I recommend you **take your time** and read through the contract before signing it.
계약서에 서명하기 전에 천천히 읽어 보고 서명하는 것을 추천해.

★ Expressions

• **feel free** 편하게 하다   • **read through** 꼼꼼히 읽다

괜히 애써 하지 마.

:) Don't try too hard.

:)⁺ **Don't go out of your way.**

"(어떤 일을) 괜히 애써 하지 마."는 영어로 어떻게 표현할까요? "너무 열심히 하지 마."라고 직역해서 "Don't try too hard."라고 생각할 수도 있지만, 이렇게 표현하면 오히려 게으른 사람이라는 인식을 품게 합니다. 누군가에게 "필요 이상으로 열심히 하지 마."라는 의미로 "Don't go out of your way."라고 할 수 있습니다. 상대방을 배려하는 표현입니다.

She **went out of her way** to help me finish my final art project.
그녀는 내 최종 미술 프로젝트를 끝내는 것을 성심성의껏 도와줬다.

Don't **go out of your way** to help someone who doesn't appreciate your time.
네 시간을 소중히 여기지 않는 사람을 애써 도와주려 하지 마.

Tim **went out of his way** to make sure his brother was ready to ace the job interview.
팀은 동생이 취업 면접을 잘 볼 수 있도록 특별히 애를 썼다.

★ Expressions

• appreciate one's time 시간을 소중히 여기다 • ace the interview 인터뷰를 잘 보다

내가 한 말 취소해.

😐 I cancel what I said.

😊⁺ **I take it back.**

남에게 상처 되는 말을 하고 나서 바로 취소하고 싶었던 적이 있죠. 이럴 때 "내가 한 말 취소해."는 영어로 어떻게 말할까요? '취소하다'라는 말은 'cancel'이 떠오르기 때문에 "I cancel what I said."라고 할 수 있습니다. 하지만 구어체에서 'cancel'이라고 하면 굉장히 어색합니다. 자연스러운 표현으로는 "I take it back."이 있습니다. '주워 담다'라는 표현으로, 만약 '이미 엎질러진 물을 다시 담을 수 없다'라고 하려면 "You can't take it back."이라고 할 수 있습니다.

✓ **이렇게 활용해 보세요**

Take back what you just said about Emma.
네가 방금 엠마에 대해서 한 말 당장 취소해.

You can't just **take back** your promise like that. That is so irresponsible.
네가 한 약속을 그런 식으로 취소하면 안 되지. 그건 너무 무책임한 거야.

You can't **take back** words you've already said, so you should watch your mouth.
네가 이미 한 말은 다시 주워 담을 수 없으니. 입조심해야 해.

⭐ Expressions

• irresponsible 무책임한 • watch one's mouth 입조심하다

오늘 중으로 알려 줘.

😐 Let me know before today ends.

😊⁺ **Let me know by the end of the day.**

회사에서나 중요한 업무를 처리할 때 자주 사용하는 표현, "오늘 중으로 알려 줘."는 영어로 어떻게 말할까요? "오늘이 끝나기 전에 알려 줘."라고 직역하면 "Let me know before today ends."라고 할 수 있습니다. 하지만 이런 어색한 직역보다 '오늘 중으로'를 자연스럽게 말하려면 'by the end of the day'라고 할 수 있습니다. '오늘이 끝나기 전까지', '자정 전까지'라는 의미로, 훨씬 자연스러운 표현입니다.

 이렇게 활용해 보세요

Your documents should be approved **by the end of the day**.
제출하신 서류들은 오늘 중으로 승인될 예정입니다.

Can you please send me the updated slide deck **by the end of the day**?
오늘 중으로 수정된 발표 자료 보내 줄 수 있어?

If I don't get back to you **by the end of the day**, feel free to remind me by text.
만약 내가 오늘 중으로 연락 주지 않으면, 편하게 다시 문자 보내 줘.

★ Expressions

• be approved 승인되다 • slide deck 발표 자료

내가 한번 알아볼게.

 I'll research it.

 I'll look into it.

어떤 일을 조금 더 깊게 알아볼 때, "내가 한번 알아볼게."라는 표현은 영어로 어떻게 말할까요? 보통 '조사하다'라는 표현을 영어로 하면 'research'라고 하죠. 하지만 구어체로 조금 더 자연스럽게 말하려면 "I'll look into it."이라고 할 수 있습니다. 'look into'라는 표현은 '한번 알아보다'라는 뜻으로, 일상생활에서나 회사에서도 자유롭게 사용할 수 있는 표현입니다.

 이렇게 활용해 보세요

I'll be more than happy to **look into** this issue for you.
너를 위해 기꺼이 이 일에 대해 알아봐 줄게.

Can you **look into** previous cases we can benchmark for this project?
이 프로젝트를 위해 벤치마킹할 수 있는 이전 사례들을 좀 알아봐 줄 수 있어?

Don't try to do anything too suspicious. You don't want the police to **look into** your records.
너무 수상한 짓은 하지 마. 경찰이 네 기록을 조사하는 것을 원치 않잖아.

 Expressions

• **previous cases** 이전 사례, 사건 • **suspicious** 수상한

내가 다시 연락할게.

☺ I'll contact you.

☺⁺ **I'll get back to you.**

연락을 기다리는 사람에게 "내가 다시 연락할게."는 영어로 어떻게 표현할까요? "연락할게."라는 표현을 하자면 "I'll contact you."라고 할 수 있습니다. 틀린 표현은 아니지만, 대화의 흐름상 '다시 연락하다'라는 뉘앙스로 말하려면 "I'll get back to you."라고 해야 합니다. 'get back'은 '돌아오다'라는 뜻으로, 회신을 주겠다는 뉘앙스를 갖고 있습니다.

 이렇게 활용해 보세요

I'll get back to you as soon as I finish this meeting.
내 회의가 끝나는 대로 다시 연락을 줄게.

I don't know why it's taking him forever to **get back to me**.
왜 그가 나에게 연락을 주는 데 이렇게 오래 걸리는지 모르겠어.

Jackson promised to **get back to me** by the end of the day, but I still haven't heard from him.
잭슨이 오늘 중으로 나에게 연락을 주겠다고 했지만, 여전히 그에게 아무런 답도 듣지 못했어.

 Expressions

• as soon as 하자마자　• take forever 굉장히 오래 걸리다

UNIT 200

너만 알고 있어야 해.

☹ Don't tell anyone.

☺⁺ **Keep it to yourself.**

아무에게도 말하지 않았던 비밀을 절친한테 말하고, "너만 알고 있어야 해."라고 하려면 영어로 어떻게 말할까요? "아무한테도 말하지 마."로 직역하면 "Don't tell anyone."입니다. 물론 의미 전달도 되고 틀린 표현도 아닙니다. 하지만 누군가에게 신신당부하며 "너 혼자서 간직해."라고 하려면 "Keep it to yourself."라고 하는 것이 더 좋습니다. 'it' 대신 다양한 내용을 넣어 "Keep (something) to yourself."라고 할 수 있습니다.

✓ 이렇게 활용해 보세요

How can you **keep** that kind of idea **to yourself**?
어떻게 그런 아이디어를 혼자 간직할 수 있어?

Henry can't **keep** a secret **to himself**, so nobody likes talking to him.
헨리는 비밀을 지킬 줄 모르기 때문에, 아무도 그와 말을 섞고 싶어 하지 않는다.

Make sure to **keep** your political opinions **to yourself** at work to avoid any unnecessary arguments.
불필요한 논쟁을 피하기 위해, 직장에서 네 정치적 성향을 말하지 않도록 해.

⭐ Expressions

• that kind of 그런 종류의 • political opinions 정치적 성향 • unnecessary 불필요한
• argument 논쟁